JAVA ÜBUNGEN 2

Mehr als 50 erprobte Übungen
für das zweite Semester
Programmieren in Java

von
Steffen Heinzl

Impressum © 2020 Steffen Heinzl

Corveyer Str. 14
36039 Fulda
E-Mail: steffen.heinzl (at) fhws.de

1. Auflage April 2020

Umschlagsgrafik von: Miriam Walter

ISBN der Printausgabe: 979-8-6366-8061-1

INHALT

EINFÜHRUNG

Gute Software ist möglichst fehlerfrei, sicher, leicht zu warten, leicht zu verändern und zu erweitern sowie gut zu lesen und zu verstehen. Diese Aspekte spielen alle bei der Entwicklung und Pflege von Software eine große Rolle. Objektorientierte Programmierung unterstützt die Umsetzung vieler dieser Punkte sehr gut.

Durch **objektorientierte Softwareanalyse** und Modellierung ist es sehr gut möglich, die fachliche Domäne (d. h. ein Modell der Realität) in ein Programm zu überführen. Ein gutes fachliches Modell ist in der Regel ein Grundstock dafür, dass Programmierer mit Ihrem Programm nicht nur die Realität wie gewollt abbilden, sondern auch anderen Programmierern, die sich in der fachlichen Domäne auskennen, ermöglichen, den Code gut nachvollziehen zu können.

Gut verständlicher Code (**Clean Code**) lässt sich oft auf eine gute Benennung von Variablen, Methoden und Klassen zurückführen, aber auch auf den Einsatz der richtigen Techniken zum richtigen Zeitpunkt.

Gut wartbarer Code und veränderbarer Code lässt sich durch automatisierte Tests erzielen.

Ferner sind Validierungen und Tests auch ein erster Schritt in Richtung sicherer Code, aber auch der Einsatz der Sprache Java selbst verhindert bspw. Exploits durch Buffer Overflows.

Dieses Buch deckt viele, aber nicht alle obigen Bereiche ab. In diesem Buch finden Sie Aufgaben, die Sie in der objektorientierten Programmierung schulen. Speziell werden folgende Techniken geschult:

- Vererbung und Komposition zur Code-Wiederverwendung. Die **Wartbarkeit** wird **verbessert** und die **Fehleranfälligkeit reduziert**.

- Unit Tests. Die Qualität einzelner Methoden, Klassen und Softwarekomponenten wird durch ausreichendes Testen erhöht, die **Fehleranzahl reduziert** und die **Änderungsfreundlichkeit** der Software **verbessert**.

- Erste Design Patterns. Wiederkehrende Probleme in der objektorientierten Softwareentwicklung können über sogenannte Design Patterns gelöst werden. Einige Design Patterns eignen sich sehr gut, um die Stärken von Interfaces und Vererbung zu verstehen. Sie erlauben es, Code zukünftig leichter **erweitern** zu können.

- Polymorphie. Polymorphie ist eine der Techniken, durch die eine Abbildung ähnlicher Konzepte aus der Realität in ein Programm erfolgen kann, ohne dabei auf eine starke Typisierung verzichten zu müssen. Dies vermeidet in der Regel doppelten Code und erlaubt dem Compiler Typkonflikte, die erst zur Laufzeit auftreten würden, vorzeitig zu finden.

Neben Aufgaben zur objektorientierten Programmierung finden Sie in diesem Buch auch Aufgaben zum Einstieg in die funktionale Programmierung mit Java. Teile der funktionalen Programmierung haben Einzug in alle großen objektorientierten Sprachen gehalten. Daher können auch wir die funktionale Programmierung nicht ignorieren. Zum Beispiel in der Verarbeitung von Collections ergeben sich echte Vorteile in der **Lesbarkeit des Codes**.

Dieses Übungsbuch beginnt – vielleicht für Sie etwas überraschend - bei Lektion 14. Das liegt daran, dass das Buch auf einem ersten Band aufsetzt, der die ersten 13 Lektionen behandelt hat.

In den ersten 13 Lektionen im ersten Band wurden Übungen zu folgenden Themen behandelt:

- Einrichtung und Installation

- Ausdrücke, Variablen, Zuweisungen, primitive Datentypen

- Strings, Ein- und Ausgabe

- Bedingte Anweisungen, Verzweigungen (**if**, **switch**)

- Schleifen (**for**, **while**, **do-while**)

- Methoden

- Arrays

- Modellierung des Programmablaufs

- Komplexe Datentypen, Attribute

- Klassen, Konstruktoren, (Instanz-)Methoden

- Referenztypen im Vergleich zu primitiven Typen

- Datenstrukturen (Liste, Binärbaum)

Darauf aufbauend beschäftigen sich die Übungen dieses Übungsbuches mit den folgenden Themen:

- Unit Tests

- Objektorientierung, Vererbung, Spezialisierung, Generalisierung, Komposition

- Überschreiben von Methoden, Enumerations

- Abstrakte Klassen, Interfaces

- Exceptions

- Byte Streams, Character Streams

- Decorator Pattern

- Generics, Wildcards

- Collections, Iterator, **Comparable**, Assoziative Arrays

- Builder Pattern, Method Chaining, Fluent Interfaces

- Geschachtelte Klassen

- Threads, Visitor Pattern

- Funktionale Programmierung (Lambda-Ausdrücke, Stream-API)

Wie im ersten Teil werden in diesem Buch ebenfalls keine Lösungen zur Verfügung gestellt. Die möglichen Lösungen für die Aufgaben in diesem Buch sind vielfältiger. Die Aufgaben sind zum Teil bewusst offener gehalten, da dies die Realität besser widerspiegelt. Denn: Oft können Auftraggeber und Kunden gar nicht ganz genau kommunizieren, was sie möchten. Es liegt an Ihnen verschiedene mögliche Lösungen auszuprobieren und darüber zu reflektieren, welche Lösung die geeignetste sein könnte. Selbstverständlich ist auch für Lösungen zu diesen Übungen eine Diskussion mit einem Übungsleiter oder erfahrenem Programmierer äußerst hilfreich.

Die Anzahl der Übungen ist in diesem Buch geringer, dafür sind die Aufgaben – und auch die Lösungen – in der Regel länger und komplexer.

Bei einigen Aufgaben benötigen Sie bestehenden Source Code, den Sie erweitern, nutzen oder verändern sollen. Den Code finden Sie im Anhang oder auf folgender Materialienseite:

https://sites.google.com/site/steffenheinzl/

Bei den Aufgaben, bei denen Sie vorhandenen Quellcode oder Dateien benötigen, steht jeweils ein Hinweis dabei.

Wenn Sie in der E-Book-Version dieses Buchs den Quellcode (vor allem im Anhang) lesen, empfiehlt sich bei den E-Book-Einstellungen das Querformat.

Die Materialienseite beinhaltet den Link zu einer passwortgeschütztem zip-Datei. Das Passwort ist *java_uebungen_2020*.

Wenn Sie Freude an der Programmierung gefunden haben und danach streben, sich weiter zu verbessern, empfehle ich Ihnen folgende Bücher:

- Effective Java von Joshua Bloch erschienen bei Addison-Wesley Professional, 3. Auflage, ISBN: 978-0134685991,2017

- Clean Code: A Handbook of Agile Software Craftsmanship von Robert Martin erschienen bei Prentice Hall, ISBN: 978-0132350884, 2008

- Functional Programming in Java: Harnessing the Power of Java 8 Lambda Expressions von Venkat Subramaniam erschienen bei O'Reilly UK Ltd., ISBN: 978-1937785468, 2014

LEKTION 14

Tests sind ein wichtiger Bestandteil der Softwareentwicklung. Bei einer guten Testabdeckung ist es möglich, Änderungen an bestehender Software durchzuführen, ohne Angst haben zu müssen, an anderer Stelle funktionierenden Teilen der Software Fehler hinzuzufügen.

Dies ist vor allem von Bedeutung, wenn ein Entwickler Änderungen oder Erweiterungen an Software vornehmen soll, die er nicht kennt oder an der er lange nicht gearbeitet hat.

Daher beschäftigen wir uns mit dem sogenannten White-Box-Testing durch Unit-Tests. Beim White-Box-Testing ist der zu testende Code komplett bekannt. **Ein Unit-Test besteht in der Regel aus mehreren Testmethoden**, die zunächst eine Klasse (oder eine Methode) testen. Jede Testmethode gibt entweder grünes Licht, wenn der Test das erwartete Ergebnis liefert, oder rotes, wenn der Test dies nicht tut.

Durch dieses einfache Konzept ist es möglich, Tests automatisiert zu verwenden und auf ein manuelles Testen weitgehend zu verzichten. Wenn alle Tests grünes Licht geben, verhält sich das Programm wie gewünscht, wenn nicht, muss der Entwickler den fehlgeschlagenen Test analysieren und den Fehler beheben, so dass der Test grün wird.

Um das Testen in den Programmieralltag zu übernehmen, beginnen wir dieses Buch mit diesem Thema. Die Tests werden uns bei jeder Lektion dieses Buchs begleiten.

Für diese Lektion sind folgende Kenntnisse notwendig:

- **Maven** für das Dependency Management, um die aktuelle Version von **JUnit** in das Projekt/Programm einzubinden

- Kenntnisse in **JUnit 5** (**@Test**, `assertEquals`, `assertTrue`, `fail`)

- **RuntimeException**

KUGELVOLUMEN
AUFGABE 14.1

Gegeben sei folgende Methode zur Berechnung des Kugelvolumens:

```
public class Kugelvolumen
{
  public static
    double berechneKugelvolumen(double radius)
  {
    return 4/3*Math.PI*radius*radius*radius;
  }
}
```

a) Richten Sie ein (Eclipse-)Maven-Projekt ein. Im Anhang finden Sie eine *pom.xml*, die eine Einrichtung für JUnit 5 beinhaltet, die zum Zeitpunkt des Schreibens des Buches aktuell war. Bei auftretenden Problemen recherchieren Sie auf der JUnit 5 Seite, ob die Konfiguration noch aktuell ist.

b) Suchen Sie bei den JUnit-Methoden nach einer geeigneten assert-Methode, die es erlaubt, **double**-Werte zu vergleichen.

c) Schreiben Sie einen Unit Test mit mehreren Testmethoden, der überprüft, ob die Berechnung bei einem Radius von 0, 1, 5 und -1 stimmt.

d) Passen Sie die Methode **berechneKugelvolumen** an, so dass sie die Tests besteht! Was ist eine sinnvolle Maßnahme bei der Übermittlung eines negativen Radius?

PUNKT

AUFGABE 14.2

Gegeben sei folgende Klasse:

```java
public class Punkt
{
  int x;
  int y;

  public void verschiebePunkt(int zielX,
    int zielY)
  {
    x = zielX;
    y = zielY;
  }
}
```

a) Ergänzen Sie die Methode dahingehend, dass sie eine **RuntimeException** wirft, wenn dem Punkt

  - eine negative **x**- oder **y**-Koordinate

  - eine **x**-Koordinate größer 1920 oder

  - eine **y**-Koordinate größer 1080

  zugewiesen wird.

b) Schreiben Sie einen Unit Test mit mehreren Testmethoden, der den Gelingenfall (d. h. die **x**- und **y**-Koordinaten liegen in den jeweils vorgegebenen Bereichen) und die oben beschriebenen Fehlerfälle abdeckt.

PERSON

AUFGABE 14.3

a) Schreiben Sie eine Klasse **Person** mit den Attributen **nachname**, **vorname**, und **adresse**. Eine **Adresse** bestehe wiederum aus **strasse**, **hausnummer**, **postleitzahl** und **ort**.

Wenn eine **Person** angelegt wird, sollen folgende Regeln gelten:

* **vorname**, **strasse** und **ort** sollen mit einem Großbuchstaben beginnen.

* **hausnummer** muss mit einer Ziffer beginnen.

Wenn eine dieser Regeln verletzt wird, soll eine **RuntimeException** geworfen werden.

b) Schreiben Sie ferner einen JUnit-Test, der den Gelingenfall (d. h. eine Person wird mit gültigen Feldern angelegt) und die oben beschriebenen Fehlerfälle abdeckt.

STRECKE

AUFGABE 14.4

Hinweis: Wenn Sie den ersten Band dieses Buches besitzen, haben Sie die ersten Teilaufgaben dieser Aufgabe bereits gelöst.

Eine Strecke wird durch zwei Punkte auf dem Zahlenstrahl repräsentiert.

a) Schreiben Sie eine Klasse **Strecke**, die aus einem Anfangspunkt A und einem Endpunkt B besteht. Bei A und B handelt es sich um ganze positive Zahlen. Der Konstruktor soll sicherstellen, dass der kleinere Punkt in A und der größere Punkt in B gespeichert wird.

b) Ergänzen Sie die Klasse um eine Methode, die überprüft, ob zwei Strecken sich überschneiden! Die Methode soll **true** zurückgeben, falls eine Überschneidung vorliegt, ansonsten **false**. Eine Berührung zweier Strecken in einem Punkt stellt noch keine Überschneidung dar!

Überschreiben Sie die Methode **toString**, so dass bei einer Ausgabe einer Strecke der Anfangspunkt gefolgt von x Strichen (-), wobei x der Abstand vom Endpunkt zum Startpunkt ist, gefolgt vom Endpunkt ausgegeben wird.

Beispielausgabe für die Strecke von 3 bis 5:
3--5

Beispielausgabe für die Strecke von 2 bis 8:
2------8

Wenn der Endpunkt und Startpunkt identisch sind, soll die Ausgabe des Punktes lediglich einmal erfolgen.

Beispielausgabe für die Strecke von 4 bis 4:
4

c) Schreiben Sie einen JUnit Test, der

- überprüft, ob in **A** der kleinere Punkt und in **B** der größere Punkt gespeichert ist

- alle verschiedenen Arten, wie sich Strecken überschneiden können, überprüft.

- überprüft, ob die **toString**-Methode eine korrekte Ausgabe liefert.

LEKTION 15

Vererbung ist ein Konzept, bei dem es darum geht, Konzepte aus der Realität abzubilden, die Beziehungen zueinander haben. Vererbung zielt dabei auf die Abbildung von Entitäten, die ähnlich, aber nicht gleich sind. Ein guter Indikator, ob eine Vererbungsbeziehung vorliegt, ist die **ist-ein/eine-Beziehung**. Wenn bei der Modellierung eines Problems Entitäten auftreten, bei der die eine eine generellere oder spezialisiertere Form der anderen ist, dient ein Test mit der ist ein/eine Beziehung zur Überprüfung, ob Vererbung eingesetzt werden sollte. Die spezialisiertere Form erbt dabei von der generelleren.

Beispiele, die in den Aufgaben aufgegriffen werden, sind Mitarbeiter in Unternehmen. Zunächst gibt es normale Angestellte und Abteilungsleiter. Ein Abteilungsleiter **ist** aus sprachlicher Sicht **ein** Angestellter, hat aber zusätzliche Aufgabenbereiche, wie das Befördern von Mitarbeitern. Hier bietet sich aus sprachlicher Sicht eine Vererbungsbeziehung an. Der Abteilungsleiter **spezialisiert** den Angestellten. Aus Programmiersicht kann er das Gleiche wie ein Angestellter, hat aber zusätzliche Attribute und/oder Methoden. Damit eine Vererbungsbeziehung umgesetzt wird, sollte sowohl aus sprachlicher Sicht die ist-ein-Beziehung vorliegen als auch aus Programmiersicht das zusätzliche Auftreten von Attributen und/oder Methoden.

In einer weiteren Aufgabe geht es um die Erstellung eines Quizbogens. Ein Quizbogen beinhaltet mehrere Multiple-Choice- und Textfragen. Liegt zwischen Quizbogen und Textfrage eine Vererbungsbeziehung vor? **Ist** eine Textfrage **ein** Quizbogen? Das klingt sprachlich komisch, daher liegt hier keine Vererbungsbeziehung vor.

Allerdings haben Textfragen und Multiple-Choice-Fragen Gemein-samkeiten. Bspw. haben beide Fragetypen einen Fragentext. Hier könnte sich eine gemeinsame Oberklasse **Frage** anbieten, die zu-mindest das gemeinsame Attribut beinhaltet. Diese Form der Ver-erbung, bei der für mehrere Klassen, Gemeinsamkeiten in eine Oberklasse ausgelagert werden, heißt auch **Generalisierung**. Aus sprachlicher Sicht sollte wiederum die ist-eine-Beziehung überprüft werden: **Ist** eine Textfrage **eine** Frage? Diese Frage lässt sich deut-lich mit *ja* beantworten. Daher bietet sich eine Modellierung durch Vererbung an.

Zum Lösen der Aufgaben dieser Lektion sollten Sie wissen,

- wie **Vererbung** modelliert wird.

- was der Unterschied zwischen **Spezialisierung** und **Generalisie-rung** ist.

- dass durch das **Substitutionsprinzip** ein Objekt einer Klasse an den Stellen verwendet werden kann, wo normalerweise ein Objekt von dessen Oberklasse gefordert ist

- was **Polymorphie** und **spätes/dynamisches Binden** ist bzw. welche Konsequenz sich daraus für das Aufrufen von Metho-den in einer Vererbungshierarchie ergibt.

- wie Vererbung in Java umgesetzt wird (**extends**, **super**, **pro-tected**).

- was eine **Abstrakte Klasse** und **Abstrakte Methoden** sind.

MITARBEITER BEFÖRDERN
AUFGABE 15.1

Schreiben Sie ein Programm, das die Struktur eines Unternehmens abbildet. In dem **Unternehmen** gibt es mehrere Abteilungen. In jeder **Abteilung** arbeiten mehrere Angestellte und ein Abteilungsleiter.

Ein **Angestellter** soll einen Nachnamen, Vornamen, einen Identifikator, ein Grundgehalt, einen Gehaltsfaktor sowie ein Geburtsdatum haben. Der Gehaltsfaktor für einen Angestellten ist *1*. Das Gehalt errechnet sich aus dem Gehaltsfaktor multipliziert mit dem Grundgehalt.

Ein Abteilungsleiter soll ein Angestellter sein und ebenfalls einen Nachnamen, Vornamen, einen Identifikator, ein Grundgehalt, einen Gehaltsfaktor sowie ein Geburtsdatum haben. Der Gehaltsfaktor beträgt bei einem Abteilungsleiter *2*. Ferner soll ein Abteilungsleiter eine Methode **befördern** haben, in der ein **Angestellter** befördert werden kann. Dieser Angestellte soll dann seinen Gehaltsfaktor um 10% erhöht bekommen.

Schreiben Sie einen geeigneten JUnit-Test, um ihr Programm zu testen.

STUDENT UND PROFESSOR
AUFGABE 15.2

Schreiben Sie eine abstrakte Klasse **Person** mit der abstrakten Methode **gibTaetigkeitAus**, die zur Ausgabe der Tätigkeit einer **Person** (auf die Konsole/auf das Terminal) genutzt werden kann.

Leiten Sie die konkreten Klassen **Student** und **Professor** von **Person** ab. Beiden soll im Konstruktor ein Fach übergeben werden können, das sie unterrichten/besuchen.

Erzeugen Sie ein Feld von 100 Personen, die das Fach *Programmieren* besuchen/unterrichten - abwechselnd belegt mit einem Studenten und einem Professor.

Rufen Sie bei allen 100 Personen die Methode **gibTaetigkeitAus** auf.

Bei einem Studenten soll folgende Ausgabe erfolgen:

```
Der Student besucht das Fach Programmieren.
```

Bei einem Professor soll folgende Ausgabe erfolgen:

```
Der Professor unterrichtet das Fach Programmieren.
```

QUIZBOGEN
AUFGABE 15.3

Schreiben Sie ein Programm, das aus einem Quiz einen Quizbogen für einen Nutzer als Text generiert. Ein Quiz soll aus zwei Arten von Quizfragen bestehen:

1. Textfragen, die ein einzelnes Wort als richtige Antwort haben. Eine Textfrage könnte wie folgt auf dem Quizbogen erscheinen:

```
Was ist die Hauptstadt von Deutschland?

Antwort:
```
<Zwei Leerzeilen für eine Antwort>

2. Multiple-Choice-Fragen, die mehrere mögliche Antworten speichern. Eine Multiple-Choice-Frage könnte wie folgt auf dem Quizbogen erscheinen:

```
Fragentext:
Wie viele Protonen hat ein Wasserstoffatom?

Antwortmöglichkeiten:
A: 4
B: 2
C: 1
D: 0
```

Legen Sie ein Quiz mit mehreren Text- sowie Multiple-Choice-Fragen an und generieren Sie aus dem Quiz einen Quizbogen.

LEKTION 16

Interfaces sind Schnittstellen, die festlegen, **WAS** eine implementierende Klasse mindestens leisten muss, nicht **WIE** sie diese Leistung erbringt. Ein Programmierer muss sich dann bei der Implementierung einer Klasse Gedanken über das WIE machen. Durch diesen Ansatz ist es möglich, dass es verschiedene Implementierungen für ein Interface gibt. Wenn wir bspw. an Listen und Bäume zurückdenken, könnten wir bspw. ein Interface `Datensammlung` definieren, welches das (sortierte) Hinzufügen, Löschen und Suchen von Daten erlaubt. Eine mögliche Implementierung wäre eine Liste, eine weitere ein Baum. Der Baum würde bspw. im Gegensatz zur Liste eine effizientere Suche ermöglichen.

Da in Java **Mehrfachvererbung auf Implementierungsebene** nicht erlaubt ist (mit Ausnahme von `default`-Methoden bei Interfaces) und Vererbung nur beim Vorliegen einer ist-ein-Beziehung eine gute Wahl ist, um beim Programmieren doppelte Methoden zu vermeiden, können Interfaces verwendet werden, um einer Klasse mehrere Typen zuzuweisen und festzulegen, was diese Klasse alles leisten muss (d. h. welche Methoden die Klasse implementieren muss).

Code-Wiederverwendung ist ansonsten auch durch Komposition möglich. Komposition wird angewendet, wenn ein Objekt aus anderen Objekten besteht oder zusammengesetzt ist (**ist-Teil-von-Beziehung**).

Für die Aufgaben dieser Lektion wissen Sie,

* wie man ein Interface deklariert und verwendet (Schlüsselwörter: `interface`, `implements`).

- dass Interfaces Mehrfachvererbung auf Spezifikationsebene ermöglichen.

- warum häufig Komposition anstelle von Vererbung eingesetzt wird.

- wie ein **enum** funktioniert.

SCHACHBRETT

AUFGABE 16.1

Hinweis: Verwenden Sie die vorgegebenen Klassen aus dem **schach**-Package im Anhang bzw. laden Sie sich den Code von folgender Materialienseite herunter:

https://sites.google.com/site/steffenheinzl/

a) Ergänzen Sie in der Klasse **LaeuferImpl** in der Methode **gibErlaubteFelder** den Algorithmus zur Markierung der erlaubten Felder eines Läufers auf einem Schachbrett. Die Felder sollen von der aktuellen Position des Läufers aus markiert werden.

b) Ergänzen Sie die Klasse **Brett** um eine Methode **kombiniere**. Die Methode soll ein **Brett** entgegennehmen und das aktuelle **Brett** mit dem übergebenen **Brett** zu einem neuen **Brett** verbinden und dieses zurückgeben. Auf dem neuen **Brett** sollen alle Felder markiert sein, die auf einem der beiden oder beiden Brettern markiert waren.

c) Schreiben Sie einen JUnit-Test, der gelingt, wenn auf dem neuen Brett die korrekten Felder markiert sind.

MÜNZAUTOMAT

AUFGABE 16.2

Hinweis: Verwenden Sie die vorgegebenen Klassen aus dem **muenzautomat**-Package im <u>Anhang</u> bzw. laden Sie sich den Code von folgender Materialienseite herunter:

https://sites.google.com/site/steffenheinzl/

In der Cafeteria häufen sich die Beschwerden, dass der Getränkeautomat zwar den richtigen Betrag Wechselgeld zurückgebe, dieser aber aus übermäßig vielen kleinen Münzen bestehe. Der Hersteller erlaubt die Programmierung der Geldrückgabe des Automaten in Java. Die Schnittstelle zum Automaten ist in dem Interface **ChangeCalculator** beschrieben. Die darin enthaltene Methode **getChange** gibt zu einem vorgegebenen Geldrückgabebetrag die Aufteilung in Münzen als **int**-Array zurück, das die Anzahl der einzelnen Münztypen wie folgt enthält:

An der Position 0: Anzahl der 1-Cent Münzen
An der Position 1: Anzahl der 2-Cent Münzen
An der Position 2: Anzahl der 5-Cent Münzen
An der Position 3: Anzahl der 10-Cent Münzen
An der Position 4: Anzahl der 20-Cent Münzen
An der Position 5: Anzahl der 50-Cent Münzen
An der Position 6: Anzahl der 1-Euro Münzen
An der Position 7: Anzahl der 2-Euro Münzen

Die bisher verwendete Standardimplementierung finden Sie in der Klasse **SimpleChangeCalculator**.

a) Implementieren Sie einen eigenen **ChangeCalculator** und überschreiben Sie die Methode **getChange** mit einer verbesserten Logik für die Stückelung der Geldrückgabe. Dabei soll jeweils ein **int**-

Array mit der **minimalen Anzahl** an Münzen zurückgegeben werden, die den geforderten Betrag ergeben.

b) Schreiben Sie einen JUnit-Test, der gelingt, wenn die Stückelung für
mehrere verschiedene Beispiele korrekt ist.

STACK

AUFGABE 16.3

Ein Stack ist eine Datenstruktur, die zwei Primitive zur Verfügung stellt:

- **push**: legt ein Element oben auf den Stack
- **pop**: nimmt ein Element von oben vom Stack (und gibt es zurück)

Gegeben sei folgende Klasse:

```
@SuppressWarnings("all")
public class Stack
{

}
```

a) Implementieren Sie die Klasse **Stack**. Die Klasse **Stack** soll von der Klasse **ArrayList** erben und mit Hilfe der Methoden von **ArrayList** die Methoden **pop** und **push** umsetzen. Durch **push** sollen beliebige Objekte auf den Stack gelegt werden können. Mit **pop** soll das oberste Objekt vom Stack entfernt und zurückgegeben werden.

Die Klasse **ArrayList** stellt folgende Methoden zur Verfügung:

- `boolean add(Object e)`

- `Object remove(int index)`

- `int size()`

Das Javadoc gibt folgende Hinweise:

- **add**: Appends the specified element to the end of this list.

- **remove**: Removes the element at the specified position in this list. Shifts any subsequent elements to the left (subtracts one from their indices).

- **size**: Returns the number of elements in this list.

b) Implementieren Sie den Stack aus der vorherigen Aufgabe so, dass er nicht von **ArrayList** erbt, sondern **ArrayList** als Attribut verwendet wird!

c) Für die Klasse **Stack** sind also verschiedene Implementierungen denkbar. Definieren Sie ein sinnvolles Interface **IStack** und lassen Sie Ihre Klasse das Interface **IStack** implementieren.

d) Schreiben Sie einen JUnit-Test, der das Hinzufügen und Entfernen von Objekten überprüft sowie sinnvolle Fehlerfälle.

e) Welche Nachteile hat die Verwendung der Vererbung in dieser Aufgabe?

CYBORG

AUFGABE 16.4

a) Ein **Mensch** lässt sich modellieren, indem seine üblichen Tätigkeiten abgebildet werden. Darunter fallen: Essen, Schlafen, Arbeiten und Autofahren.

Ein **Roboter** mit einer künstlichen Intelligenz hat einen ähnlichen Satz Tätigkeiten: Aufladen, Warten, Arbeiten und neuerdings – durch den Trend zu selbst fahrenden Autos – auch Autofahren.

Beim Autofahren müssen sowohl Mensch als auch Roboter auf Gefahrensituationen reagieren können. Diese sollen durch ein **enum** mit drei Werten modelliert werden: **GEFAHR_LINKS**, **GE-FAHR_RECHTS**, **GEFAHR_VORNE**.

Bei einer **GEFAHR_LINKS** wird nach **rechts** ausgewichen.

Bei einer **GEFAHR_RECHTS** wird nach **links** ausgewichen.

Bei einer **GEFAHR_VORNE** wird **gebremst**.

Sowohl Mensch als auch Roboter sollen über eine Methode **entscheide** verfügen, in der sie auf eine gegebene Gefahrensituation reagieren. Die Entscheidungen sollen auch durch ein **enum** mit den Werten: **RECHTS, LINKS, BREMSEN, UNENTSCHIEDEN** abgebildet werden.

Der Mensch schätzt die Situation im Gegensatz zum Roboter in 25% der Fälle nicht genau ein und ist **UNENTSCHIEDEN**.

Implementieren Sie die Klassen **Mensch** und **Roboter** und setzen beide einer Gefahrensituation aus.

b) Ein **Cyborg** ist sowohl ein `Mensch` als auch ein **Roboter**. Trotz des Stresses, den das Aufladen, Essen, Warten, Schlafen, etc. mit sich bringt, fährt auch ein Cyborg gerne Auto und wird dort Gefahrensituationen ausgesetzt.

Wenn sich der Menschanteil und der Roboteranteil in ihrer Entscheidung einig sind, trifft der Cyborg die gleiche Entscheidung.

Wenn der Menschanteil und der Roboteranteil unterschiedlicher Ansicht sind, dann trifft der Cyborg zufällig eine der beiden Entscheidungen.

Ergänzen Sie Ihr Programm um eine Klasse **Cyborg**, die dieses Verhalten berücksichtigt.

Schreiben Sie eine `main`-Methode, in der Mensch, Cyborg und Roboter Autofahren und geben Sie aus, wie sie auf verschiedene Gefahrensituationen reagieren.

c) Schreiben Sie einen sinnvollen JUnit-Test, der ihr Programm ausreichend testet. Überlegen Sie sich, wie Sie die den zufälligen Teil Ihres Programms testen können.

LEKTION 17

Wie behandelt man auftretende Fehler in einem Programm? Eine Möglichkeit sind Methodenrückgabewerte, um Fehler zu signalisieren. Daraufhin kann anhand des Rückgabewerts der Fehler behandelt werden. Das würde in vielen Fällen funktionieren, aber in einigen Fällen auch zu Problemen führen, wenn bspw. der gesamte Wertebereich einer Methode als Rückgabewert benötigt wird.

Exceptions sind ein anderer Weg, um mit Fehlern umzugehen. Eine Exception unterbricht den Ablauf einer Anwendung und springt in einen Block, der den Fehler behandeln soll.

Zunächst wird eine Unterteilung in behandelbare Fehler (`Exception`) und nicht behandelbare Fehler (`Error`) vorgenommen. Die Exceptions werden weiter unterteilt in Fehlerfälle, die ein Entwickler behandeln **muss** (Checked Exceptions) und Fehlerfälle, die ein Entwickler behandeln **kann** (Unchecked Exceptions).

Exceptions können gefangen, propagiert oder geworfen werfen. Als erste Richtlinie fängt man Exceptions dann, wenn man an dieser Stelle den aufgetretenen Fehler beheben kann, ansonsten propagiert man sie.

Um die Aufgaben dieser Lektion zu bearbeiten, sollten Sie wissen, dass `Exception` die Oberklasse von Checked Exceptions ist, mit der Ausnahme der `RuntimeException`, die die Oberklasse von Unchecked Exeptions ist.

Sie sollten wissen, wie **try**, **catch** und **finally** funktionieren.

Sie sollten den Unterschied zwischen dem Fangen, Propagieren und Werfen von Exceptions kennen.

Ihnen ist bekannt, dass Byte Streams eine Abstraktion für das Schreiben und Lesen einer Bytefolge sind, die im Zusammenhang mit Binärdateien wie Musik und Bilder eingesetzt werden.

Ihnen sind die abstrakten Klassen **InputStream** und **Output-Stream** bekannt sowie deren Implementierungen **FileInput-Stream** und **FileOutputStream**, um auf Dateien zuzugreifen, insbesondere die Methoden:

```
public void write(byte b[], int off, int len)
    throws IOException
```

```
public int read(byte b[])
    throws IOException
```

Ihnen sind die Klassen **URL** und **HttpURLConnection** bekannt, mit denen es möglich ist, über einen Stream von einer Ressource/Datei über das Netzwerk/Internet Daten zu lesen.

Im Zusammenhang mit Streams kennen sie das **try-with-resources**-Statement, das es erlaubt, Streams (die das **AutoCloseable**-Interface implementieren) automatisch mit passender Fehlerbehandlung zu schließen.

EXCEPTIONS
AUFGABE 17.1

Lösen Sie folgende Exceptions durch Ihren Code aus. Sie dürfen die Exceptions nicht selbst werfen.

a) NumberFormatException

b) ArrayIndexOutOfBoundsException

c) NullPointerException

d) OutOfMemoryError

e) FileNotFoundException

f) ArithmeticException

WERTEBEREICH DER WRITE-METHODE
AUFGABE 17.2

Gegeben sei ein **OutputStream** mit der folgenden **write-**Methode:

```
public void write(byte b[], int off, int len)
    throws IOException
{ … }
```

a) Was sind sinnvolle Einschränkungen für die Wertebereiche der Parameter **b**, **off** und **len**?

b) Schreiben Sie einen JUnit Test, der für eine Stream-Implementierung Ihrer Wahl (z. B. **FileOutputStream**) Fehlerfälle (Exceptions) produziert, wenn diese Einschränkungen nicht eingehalten werden.

GEPUFFERTE VS. UNGEPUFFERTE
STREAMS
AUFGABE 17.3

Buffered Streams verwenden im Hintergrund einen Puffer. Ein Puffer ist ein Zwischenspeicher im Hauptspeicher.

Buffered Input Streams greifen nur auf das Betriebssystem zu, wenn der Puffer leer ist.

Buffered Output Streams greifen nur auf das Betriebssystem zu, wenn der Puffer voll ist.

Ihre Aufgabe ist es, eine Musikdatei einzulesen und eine Kopie

- byteweise mit Hilfe eines ungepufferten Streams

- byteweise mit Hilfe eines gepufferten Streams

- mit einem **byte[]** der Größe 1024 mit Hilfe eines ungepufferten Streams

zu erstellen.

Der Nutzer soll den Pfad zu der Musikdatei, die kopiert werden soll, eingeben können. Stellen Sie in Ihrer Implementierung sicher, dass sie eine **FileNotFoundException** fangen und den aufgetretenen Fehler sinnvoll beheben kann.

Messen Sie für alle drei Fälle jeweils die Zeit!

Um welchen Faktor (bzw. um wie viel Prozent) unterscheidet sich der Zeitaufwand bei den drei Fällen?

Um eine genauere Aussage treffen zu können, führen Sie die Messungen zehnmal am Stück durch.

Überprüfen Sie, ob die kopierte Musikdatei nach dem Kopieren die gleiche Länge hat wie die Originaldatei.

Hinweis:

`System.currentTimeMillis` liefert die Anzahl der vergangenen Millisekunden seit 1. Januar, 1970 UTC (Coordinated Universal Time) zurück.

Mit folgendem Code kann die Dauer von Anweisungen gemessen werden.

```
long startTime = System.currentTimeMillis();
//Code, dessen Dauer gemessen werden soll
//…
//…
long endTime = System.currentTimeMillis();
long duration = endTime - startTime;
```

Für kleinere Zeitauflösungen (Nanosekunden anstelle von Millisekunden) kann **System.nanoTime** anstelle von **System.currentTimeMillis** verwendet werden.

STREAM-VERDOPPLER
AUFGABE 17.4

Schreiben Sie eine Klasse **OutputStreamDoubler**, die sich für die Nutzer der Klasse genauso wie ein **OutputStream** verhalten soll. Die Ausgaben des Streams sollen jedoch an zwei weitere **OutputStream**-Objekte durchgereicht werden, die dem **OutputStreamDoubler** bei der Initialisierung mitgegeben werden.

a) Implementieren Sie einen Konstruktor, welcher zwei **OutputStream**-Objekte entgegennimmt und für die weitere Verwendung speichert.

b) Implementieren Sie die Methode

```
public void close() throws IOException
```

Die Methode soll die beiden vorgehaltenen **OutputStream**-Objekte schließen. Sollte beim Schließen eines Streams eine **IOException** auftreten, so soll dennoch der andere Stream geschlossen werden. Wenn mindestens eine **Exception** ausgelöst wurde, soll eine neue **IOException** geworfen werden, die angibt, welcher oder welche Streams, den Fehler ausgelöst haben.

c) Implementieren Sie die Methode

```
public void write(int b) throws IOException
```

Jeder übergebene Wert soll dabei in die beiden vorgehaltenen **OutputStream**-Objekte geschrieben werden. Sollte beim Schreiben in einen der Streams eine **IOException** auftreten, so ist diese zu fangen, der Stack-Trace auf der Konsole/dem Terminal auszugeben, und mit der Verarbeitung fortzufahren. D. h. also: Probleme beim

Schreiben in einen Stream verhindern nicht, dass Werte in den anderen Stream geschrieben werden.

d) Schreiben Sie eine **main**-Methode, in der zwei **FileOutput-Stream**-Objekte angelegt werden, mit deren Hilfe in die Dateien **file1.txt** und **file2.txt** geschrieben werden kann. Anschließend sollen die beiden **FileOutputStream**-Objekte mit Hilfe des **OutputStreamDoubler** zusammengefasst werden und eine beliebige Bytefolge in den Strom geschrieben werden. Schließen Sie danach alle beteiligten Streams.

LEKTION 18

Character Streams setzen auf Byte Streams auf, um für Menschen lesbare Zeichen einfacher zu übertragen. Dabei wird über ein Charset ein Encoding festgelegt, das benutzt wird, um festzulegen, welches Zeichen beim Versenden jeweils welchem Wert auf Byteebene zugeordnet wird. Analog wird diese Zuordnung dann auch beim Lesen benutzt.

Zur Umsetzung von Character Streams in Java gibt es das Pendant zum **InputStream**, den **Reader**, und das Pendant zum **OutputStream**, den **Writer**.

Die beiden *Adapter* **InputStreamReader** und **OutputStreamWriter** erlauben es einen **InputStream** wie einen **Reader** und einen **OutputStream** wie einen **Writer** erscheinen zu lassen.

Um menschenlesbare Daten in eine Datei zu schreiben, kann ein **OutputStreamWriter** um einen **FileOutputStream** gelegt werden. Da diese Kombination häufiger vorkommt, gibt es als Kurzform für diesen Zweck die Klasse **FileWriter**. Analoges gilt für die entsprechenden Reader und den **FileInputStream** beim Lesen von menschenlesbaren Daten.

Um **zeilenweise** von einer Quelle (bspw. einer Datei) lesen zu können, kann ein **BufferedReader** um den Reader (bspw. **FileReader**) gelegt werden. Analoges gilt für die **Writer**-Klassen zum **Zeilenweise**-Schreiben in eine Senke (z. B. in eine Datei).

Der **BufferedReader** dekoriert dabei den **Reader**, um den er gelegt wird, d. h. er erweitert ihn um eine (kleine) Funktionalität, erscheint aber nach außen hin als auch als Reader (**Decorator-Pattern**).

Neben Streams zu Dateien oder ins Netzwerk gibt es auch noch die Möglichkeit über einen Stream in einen Speicherbereich der JVM zu schreiben, ohne vorher die Größe festlegen zu müssen. Dies ist mit einem **ByteArrayOutputStream** möglich.

Um die Aufgaben dieser Lektion zu bearbeiten, sollten Sie

- Character Streams – insbesondere den Dateizugriff über **FileReader** und **FileWriter** sowie das Zeilenweise-Lesen und -Schreiben aus und in Dateien durch den **Buffered-Reader** und **BufferedWriter** – verstanden haben.

- wissen, dass ein **BufferedReader null** zurückgibt, wenn er auf das Ende des Streams trifft (z. B. Dateiende, Beenden der Netzwerkverbindung).

- wissen, wie Sie die **Socket**-Klasse verwenden, um eine Verbindung zu einem Server aufzubauen.

- wissen, wie ein Server mit der **ServerSocket**-Klasse auf eine Verbindung eines Clients wartet. Ein Beispiel dazu können Sie im Anhang zur GZIP-Aufgabe sehen.

- die Annotationen **@BeforeEach** und **@AfterEach** bei JUnit Tests kennengelernt haben.

STUDIENGANG-SPLITTER
AUFGABE 18.1

Hinweis: Verwenden Sie die Datei <u>MatrNr.txt</u> aus dem Anhang bzw. laden Sie sich die Datei von folgender Materialienseite herunter:

https://sites.google.com/site/steffenheinzl/

a) Welche Stream/Reader-Klasse eignet sich besonders gut, um zeilenweise zu lesen?

b) Schreiben Sie eine Methode **splitStudiengaenge(String dateiname)**, welche eine Datei ausliest und deren Inhalt nach Studiengängen organisiert zeilenweise in drei unterschiedliche *Dateien* schreibt. Der Name der Quelldatei wird als Methodenparameter übergeben. Der Inhalt der Quelldatei besteht aus einer beliebigen Anzahl Matrikelnummern unterschiedlicher Studiengänge, die zeilenweise als String gespeichert sind.

Beispiel für die Datei **MatrNr.txt**:

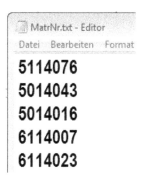

Die Matrikelnummern sind siebenstellig und folgenden Studiengängen zugeordnet:

5000000-5099999: Studiengang Wirtschaftsinformatik

```
5100000-5199999: Studiengang Informatik
6100000-6199999: Studiengang E-Commerce
```

Die drei *Zieldateien* heißen **WInfNr.txt**, **InfNr.txt** und **ECNr.txt**. Sie sollen nach dem Aufteilen ausschließlich die Matrikelnummern der jeweiligen Studiengänge aus der Quelldatei beinhalten. Handelt es sich bei einem ausgelesen Wert um eine ungültige Matrikelnummer, wirft die Methode eine Ausnahme vom Typ **MatrikelnummerException.** Berücksichtigen Sie bitte auch, dass Sie Ströme schließen, wenn diese nicht mehr benötigt werden.

c) Schreiben Sie eine **main**-Methode, welche die Datei **MatrNr.txt** mit Hilfe der Methode **splitStudiengaenge** ausliest und in die entsprechenden Dateien aufteilt. Wird beim Ausführen der Methode **splitStudiengaenge** eine Exception geworfen, wird die erzeugte Meldung auf der Standardausgabe angezeigt und die **main**-Methode beendet.

NETZWERK-GALGENMÄNNCHEN
AUFGABE 18.2

a) Schreiben Sie einen TCP Server, der wiederholt Textzeilen von einem Client empfangen kann. Der Server sendet dem Client nach jeder empfangenen Zeile ein OK zurück.

b) Schreiben Sie einen TCP Client, der wiederholt von der Standardeingabe Textzeilen liest und diese an den Server aus Aufgabenteil a) sendet.

c) Verwenden Sie das Gerüst aus den Aufgabenteilen a) und b) um das Spiel Galgenmännchen über das Netzwerk umzusetzen. Der Server soll sich den Begriff ausdenken. Der Client soll wiederholt versuchen, den Begriff zu erraten. Die Regeln können im ersten Band Java Übungen nachgeschlagen oder auch eine eigene Variante der Regeln implementiert werden.

Wichtig: Mit der Methode **flush** stellen Sie sicher, dass Daten, die in einen **OutputStream** geschrieben werden, an die Gegenseite übermittelt werden. Ansonsten kann es sein, dass die Daten gepuffert und damit nicht übermittelt werden.

ToUpperCaseWriter

Aufgabe 18.3

Hinweis: Verwenden Sie die vorgegebenen Klassen aus dem **touppercasewriter**-Package im <u>Anhang</u> bzw. laden Sie sich den Code von folgender Materialienseite herunter:

https://sites.google.com/site/steffenheinzl/

a) Ändern Sie die Klasse **ToUpperCaseWriterTest**, so dass Sie ein **try-with-resources**-statement verwendet.

b) Modifizieren Sie die Klasse **ToUpperCaseWriterTest**, so dass Sie keinen doppelten Code mehr aufweist.

c) Schreiben Sie einen JUnit-Test mit Testmethoden, die folgende Testfälle abdecken:

- Der Buchstabe **a** soll nach der Ausführung des Writers ein großes **A** sein.

- Die Zahl **1** soll unverändert aus dem Writer herauskommen.

- Durchlaufen Sie die ersten 128 Zeichen des ASCII-Codes: Die Buchstaben von **a-z** sollen als Großbuchstaben aus dem Stream herauskommen.

- Durchlaufen Sie die ersten 128 Zeichen des ASCII-Codes: Alle Zeichen *außer* den Buchstaben von **a-z** sollen unverändert aus dem Stream herauskommen.

GZIP
AUFGABE 18.4

Webserver komprimieren häufig die Daten, die sie an Clients versenden, mit GZIP. Umgekehrt kann ein Client auch per GZIP Daten an einen Server senden.

Im Codeausschnitt wird eine Verbindung zu einem Server aufgebaut.

Ergänzen Sie folgenden Codeausschnitt so, dass das **byte**-Array **bytesToTransfer** mit GZIP komprimiert an den Server übertragen wird.

Nutzen Sie dafür die Klasse **GZIPOutputStream** (die von **Output-Stream** erbt), Der **GZIPOutputStream** komprimiert die in den Stream geschriebenen Daten.

Bei **GZIPOutputStream** handelt es sich um einen Decorator, d. h. **GZIPOutputStream** kann einen anderen Stream *dekorieren*.

```
public class Client
{
  public static void main(String[] args)
    throws IOException
  {
    byte[] bytesToTransfer
      = "Hallo Welt".getBytes();
    Socket connectionToHost
      = new Socket("localhost", 5555);
    OutputStream os
      = connectionToHost.getOutputStream();
```

Sie können Ihren Code testen, indem Sie die Server-Klasse im Anhang verwenden bzw. sich das **gzip**-Package von folgender Materialienseite herunterladen:

https://sites.google.com/site/steffenheinzl/

LEKTION 19

Generics sind eine Möglichkeit, Datenstrukturen für verschiedenste Datentypen nutzbar zu machen. Beispielsweise kann für eine Liste festgelegt werden, dass sie nur Objekte vom Datentyp **String** beinhalten darf, ohne dabei die Listenklasse komplett neu implementieren zu müssen.

Dieser Ansatz hat einige Vorteile gegenüber der naheliegenden Lösung, dass eine Datenstruktur einfach Objekte jeglicher Art beinhalten darf:

- Der Compiler kann beim Einfügen in die Datenstruktur überprüfen, dass der erwartete Typ – und nicht aus Versehen ein falscher Typ – eingefügt wird.

- Beim Entfernen oder Lesen von Objekten aus einer Liste von beliebigen Objekten, muss immer eine Typumwandlung (Cast) erfolgen. Wenn der Typ bekannt ist, kann der Cast wegfallen.

Generische Klassen haben einen Typparameter in spitzen Klammern (z. B. **<T>**). Bei der zugehörigen Variablendeklaration und Instanziierung einer generischen Klasse kann ein Referenztyp als Argument angegeben werden, z. B.:

```
List<String> l = new List<String>();
```

oder in Kurzschreibweise:

```
List<String> l = new List<>();
```

In einer generischen Klasse können Einschränkungen getroffen werden, welche Argumente bei der zugehörigen Variablendeklaration oder Instanziierung von generischen Klassen gültig sind:

```
public class Baum<T extends Number>
{
    …
}
```

Dem generischen Baum könnte bei der Deklaration oder Instanziierung nur ein Datentyp als Argument in spitzen Klammern mitgegeben werden, der **Number** ist oder von **Number** abgeleitet ist (bspw. **Double** oder **Integer**).

Für die Lösung der Aufgaben dieser Lektion sollten Sie wissen,

- dass **Serialisierung** die Überführung des Zustands eines Objekts in eine Bytefolge ist

- dass **Deserialisierung** die Rückführung einer (serialisierten) Bytefolge zurück in den Ursprungszustand des Objekts ist.

- dass mit Hilfe eines **ObjectOutputStreams** Objekte serialisiert und bspw. in eine Datei geschrieben oder über das Netzwerk geschickt werden können.

- dass mit Hilfe eines **ObjectInputStreams** Objekte deserialisiert und bspw. aus einer Datei oder von einer Netzwerkverbindung gelesen werden können.

- dass das Interface **Serializable** verwendet werden muss, um Objekte als serialisierbar zu markieren.

- dass die Methode **readObject** der Klasse **ObjectInputStream** beim Erreichen vom Ende des Streams (Dateiende, Schließen der Netzwerkverbindung) eine **EOFException** wirft.

- wie generische Klassen definiert werden, die zugehörigen Variablendeklaration aussehen und wie sie instanziiert werden.

NETZWERK-GALGENMÄNNCHEN ÜBER OBJEKTE

AUFGABE 19.1

Hinweis: Verwenden Sie Ihren Galgenmännchen TCP Server und Client aus der vorherigen Lektion.

a) Ändern Sie den TCP Server so ab, dass er anstelle einer zeilenbasierten Übertragung wiederholt ein Objekt (über einen **ObjectInputStream**) entgegennehmen kann. Bei dem entgegengenommenen Objekt soll es sich um einen Rateversuch des Clients handeln. Als Antwort soll der Server ein Objekt übertragen

- mit dem anzuzeigenden String (z. B. P R _ G R _ M M).

- mit einem Hinweis, ob das Wort fertig erraten wurde.

- mit einem Hinweis, ob das Spiel beendet wurde.

- mit einem Hinweis, ob der geratene Buchstabe ein Treffer war.

b) Ändern Sie den TCP Client dahingehend, dass er den Rateversuch als Objekt an den Server schickt und ein Objekt mit den Angaben aus der Teilaufgabe a) als Antwort entgegennimmt.

Hinweis: Achten Sie bei der Verwendung von **ObjectInputStreams** und **ObjectOutputStreams** darauf, dass Client und Server nicht beide zuerst einen **ObjectInputStream** öffnen. Da im Konstruktor des **ObjectInputStreams** zuerst blockierend auf die Übertragung der *Stream-Version* des **ObjectOutputStreams**

gewartet wird, würden in diesem Fall sowohl der **ObjectInput-Stream** des Clients als auch der **ObjectInputStream** des Servers blockierend warten. Beide Programme würden nicht weiterlaufen.

GENERISCHER STACK
AUFGABE 19.2

Hinweis: Verwenden Sie Ihre Stack-Implementierung aus einer vorherigen Lektion.

Löschen Sie in Ihrem Quellcode die Annotation **@SuppressWarnings** und verwenden Sie Generics so, dass Sie keine Warnungen bekommen. Bei der Deklaration einer Referenz auf den Stack sowie bei der Instanziierung soll es möglich sein, eine Typangabe mitzugeben, bspw. (wenn Ihre Klasse **GenericStack** heißt):

```
GenericStack<String> s = new GenericStack<>();
```

Folgender JUnit-Test muss bei korrekter Implementierung Ihrer Klasse „grün" werden.

```
@Test
void testPushAndPop()
{
  GenericStack<String> s = new GenericStack<>();
  s.push("Hallo");
  s.push("Welt");
  assertEquals("Welt", s.pop());
  assertEquals("Hallo", s.pop());
}
```

OPTIONAL
AUFGABE 19.3

Hinweis: Sie können untenstehende Klasse (aus dem **browser**-Package) von folgender Materialienseite herunterladen:

https://sites.google.com/site/steffenheinzl/

Gegeben sei folgende Klasse, in der ein Klick auf die Back-Funktion eines Browsers simuliert wird. Wenn der Back-Button eine URL zurückliefert, wird ein Download gestartet/simuliert.

```java
public class Browser
{
  public URL back()
  {
    try
    {
      //simulate: fetch last URL from Stack
      return Math.random() < 0.5 ?
        new URL("http://google.de") : null;
    }
    catch(MalformedURLException e)
    {
      return null;
    }
  }

  public String retrieveSite(URL url)
  {
    //simulate download site:
    return url.toString();
  }

  public static void main(String[] args)
  {
    Browser browser = new Browser();
```

```
      URL back = browser.back();
      if (back != null)
        browser.retrieveSite(back);
  }
}
```

Seit Java 8 gibt es die Klasse **Optional<T>** mit generischer Typisierung. Diese dient als Container, der entweder ein Objekt **enthalten**
kann oder **nicht**. Bspw. enthält ein **Optional<String>** einen
String oder ist leer.

Ihre Aufgabe ist es, die **back**-Methode mit Hilfe von **Optional** so
zu verändern, dass weder

```
return null
```

noch der **null**-check

```
if (back != null)
```

benötigt werden.

Schreiben Sie einen Test-Case, der Ihre Methode sinnvoll testet.

Recherchieren Sie im Internet zum Thema **Optional**, bspw. unter:

https://www.oracle.com/technical-resources/articles/java/java8-
optional.html

LEKTION 20

Collections sind Sammlungen von Daten in einer Datenstruktur. Bisher haben wir zu diesem Zweck Arrays, Listen, den Stack und Bäume kennengelernt.

Da diese Sammlungen Gemeinsamkeiten haben, wurden sie in Java (mit Ausnahme vom Array, welches eher low-level ist) unter einem Interface **Collection** zusammengefasst.

Zunächst gibt es in der Java Standardbibliothek zwei relevante Listenimplementierungen:

- **ArrayList**, die mit einem Array im Hintergrund implementiert wurde.

- **LinkedList**, die als doppelt verkettete Liste implementiert wurde.

Beide Listenimplementierungen genügen dem Interface **List**, das die wichtigsten Methoden, um auf eine Liste zuzugreifen, beschreibt. Darunter fallen das Hinzufügen, Abrufen und Löschen von Elementen, aber auch ein wahlfreier Zugriff auf die Elemente über einen Index (wie bei einem Array).

Eine ähnliche Datenstruktur zur Liste ist ein **Set**. Ein Set ähnelt einer mathematischen Menge dahingehend, dass es ebenfalls keine Duplikate zulässt.

Es gibt zwei gängige **Set**-Implementierungen:

- **HashSet** ist ein **Set**, in dem die Elemente mit Hilfe einer Hash-Funktion hinterlegt und gefunden werden.

- **TreeSet** ist ein **Set**, das eine Baumimplementierung zugrunde legt.

Da der Zugriff auf ein **Set** (Elemente einfügen, abrufen, löschen) weitest gehend unabhängig von der zugrundeliegenden Datenstruktur ist, gibt es auch hier wieder ein gemeinsames Interface **Set**.

Weil **List** und **Set** ebenfalls ähnliche Strukturen sind, gibt es wiederum das Interface **Collection**, das die beiden Interfaces (und weitere) verallgemeinert. Während auf eine Liste ein wahlfreier Zugriff auf die Elemente mit der **get**-Methode möglich ist, ist dies beim **Set** schwierig, vor allem bei einem **HashSet**.

Daher unterstützt das Interface **Collection** nur einen ganz einfachen Satz an Methoden, nämlich

- **contains**: überprüft, ob ein Element in der Collection enthalten ist

- **add**: fügt ein Element der Collection hinzu

- **remove**: entfernt ein Element aus der Collection

- **size**: gibt die Anzahl der Elemente in der Collection zurück

Da es sich bei Collections um Datenstrukturen handelt, sind Collections in der Regel generische Klassen. Folglich kann bei Instanziierung der Datentyp festgelegt werden, der in einer Collection enthalten sein darf.

Wenn bei einem Set und bei Collections generell ein wahlfreier Zugriff auf die Elemente nicht möglich ist, wie durchläuft man dann das Set oder die Collection?

Die Antwort ist, dass Collections das **Iterable**-Interface implementieren. Hierdurch müssen Collections eine implementierte **iterator**-Methode zur Verfügung stellen, die einen **Iterator** zurückgibt, der weiß wie und in welcher Reihenfolge die Elemente der Collection traversiert werden.

Der **Iterator** kann dann in einer Schleife verwendet werden. Alternativ kann als Kurzform auch eine **for-each**-Schleife verwendet werden.

Zu guter Letzt müssen Datensammlungen oft sortiert werden:

- Immatrikulierte Studenten nach ihrer Matrikelnummer, ihren Nachnamen oder ihrem Studiengang

- Bundesligamannschaften nach ihren Punkten

- ...

Eine Sortierung wird möglich durch Implementierung des **Comparable**-Interface. Dieses ermöglicht zu beschreiben, nach welchen Kriterien zwei Objekte des gleichen Typs (z. B. Bundesligamannschaften) miteinander zu vergleichen sind. Dabei wird wie beim String eine **compareTo**-Methode verwendet (überschrieben), die anhand des Rückgabewerts festlegt, wann ein Objekt kleiner, gleich oder größer ist als das Vergleichsobjekt.

Als fortgeschrittenere Form der einfachen Collections gibt es assoziative Arrays. Ein **assoziatives Array** kann man sich wie ein normales Array vorstellen, außer dass die Indexierung nicht über einen Zahlenindex erfolgt, sondern über beliebige Objekte, bspw. einen beschreibenden String. In Java werden assoziative Arrays als **Map** umgesetzt.

Hier gibt es wieder als Implementierungen – ähnlich wie beim Set – eine **HashMap** und eine **TreeMap** und darüber das **Map**-Interface.

Eine **Map** besteht aus Key-Value-Pairs und stellt folgende Methoden zur Verfügung:

- **put**, um einen Eintrag (Key-Value-Paar) in der Map zu ergänzen.

- **get**, um über den Key abzufragen, welcher Value hinterlegt ist

- **remove**, um über einen Key, das zugehörige Key-Value-Paar aus der Map zu löschen.

- **size**, um die Anzahl der hinterlegten Key-Value-Pairs abzufragen.

Für die Aufgaben dieser Lektion sollten Sie verstanden haben,

- wie Collections, vor allem Listen, angewendet werden.

- wie eine Klasse das **Comparable**-Interface implementieren muss, um eine Vergleichbarkeit der Objekte zuzulassen.

- dass eine List mit **Collections.sort** sortiert werden kann.

- wie eine **Map** in Java funktioniert.

KARTENHAND
AUFGABE 20.1

Sie wollen ein Kartenspiel (z. B. Mau-Mau, Magic, Skat, ...) programmieren.

a) Welche (offensichtlichen) Objekte benötigen Sie?

b) Wie würden Sie die Hand eines Spielers abbilden?

c) Erstellen Sie einen Spieler mit einer zufälligen Mau-Mau-Kartenhand. Auf der Hand darf es keine doppelten Karten geben!

SKAT
AUFGABE 20.2

Beim Spiel Skat werden die gleichen Karten verwendet wie beim Mau-Mau. Nach dem Verteilen der Karten (und vor dem Reizen) ist meist folgende Sortierung (von links nach rechts) sinnvoll:

- Kreuz-Bube, Pik-Bube, Herz-Bube, Karo-Bube

- Kreuz-Ass – Kreuz-7 (d. h. Kreuz-Ass, Kreuz-10, Kreuz-König, Kreuz-Dame, Kreuz-9, Kreuz-8, Kreuz-7)

- Pik-Ass – Pik-7

- Herz-Ass – Herz-7

- Karo-Ass – Karo-7

a) Erstellen Sie ein Deck mit den 32 Karten, mischen Sie es und verteilen Sie die Karten an drei Spieler (und den Stock).

b) Implementieren Sie das **Comparable**-Interface, so dass eine zufällige Hand von 10 Karten nach obigen Anordnungsregeln sortiert wird.

Beispiel:

Hinweis: Überlegen Sie zunächst, welche Klasse das **Comparable** Interface implementieren muss!

DICTIONARY

AUFGABE 20.3

Hinweis: Verwenden Sie die vorgegebene Klasse aus dem **dictionary**-Package im Anhang bzw. laden Sie sich den Code von folgender Materialienseite herunter:

https://sites.google.com/site/steffenheinzl/

Eine **Map** in Java weißt jedem **Key** genau einen **Value** zu. Für unseren Vokabeltrainer bedeutet das, dass jedes englische Wort nur genau eine deutsche Bedeutung hat:

```
to clean -> reinigen
to expand -> vergrößern
```

Implementieren Sie mit Hilfe der Collection-Klassen eine **Multi-Map**, die einem englischen Begriff mehrere deutsche Begriffe zuordnen kann:

```
to clean -> reinigen, säubern, putzen
to expand -> vergrößern, wachsen
```

Der Nutzer soll eine beliebige der hinterlegten Bedeutungen raten können!

SMS

AUFGABE 20.4

Hinweis: Verwenden Sie die Datei Zeichenkontakte.txt aus dem Anhang bzw. laden Sie sich die Datei von folgender Materialienseite herunter:

https://sites.google.com/site/steffenheinzl/

Ihnen wurde eine Textdatei mit Buchstaben-Strings vorgelegt. Jeder Buchstaben-String besteht nur aus Großbuchstaben und repräsentiert eine Telefonnummer.

Ihr Programm soll jedem Buchstaben-String einen Zahlen-String gemäß folgender Relation zuordnen:

```
A, B, C        -> 2
D, E, F        -> 3
G, H, I        -> 4
J, K, L        -> 5
M, N, O        -> 6
P, Q, R, S     -> 7
T, U, V        -> 8
W, X, Y, Z     -> 9
```

Der Buchstaben-String „FAKULTAETFIW" wird bspw. in den Zahlen-String „325858238349" überführt.

a) Schreiben Sie zunächst eine Methode, die es ermöglicht einen Buchstaben-String in einen Zahlen-String umzuwandeln.

Beinhaltet ein Buchstaben-String nicht erlaubte Zeichen, so ist eine selbst definierte **IllegalPhoneNumberException** zu werfen.

b) Schreiben Sie eine Methode, die einen Dateinamen entgegennimmt und die Buchstaben-Strings aus dieser Datei ausliest. Mit Hilfe der Methode aus Aufgabe a) sollen die Buchstaben-Strings in Zahlen-Strings umgewandelt werden. Die Methode soll eine Liste von Zahlen-Strings zurückgeben.

Ferner soll die Methode beim Auftreten einer **IllegalPhoneNumberException** nicht abbrechen, sondern mit dem nächsten Buchstaben-String fortfahren.

c) Schreiben Sie einen JUnit-Test, der mit Hilfe Ihrer Methode aus b) die Datei *Zeichenkontakte.txt* ausliest und überprüft, ob die richtigen Zahlen-Strings (325858238349, 74992787, 782388379258864) in der Liste enthalten sind.

LEKTION 21

Ein **Builder Pattern** eignet sich um Klassen zu instanziieren, die normalerweise Konstruktoren mit vielen, zum Teil optionalen Parametern hätten.

Beim Builder Pattern erzeugt man eine eigene Builder-Klasse, die im Konstruktor lediglich verpflichtende Parameter entgegennimmt und es erlaubt über setter-ähnliche Methoden, die eine Referenz auf den Builder zurückgeben, die optionalen Attribute zu setzen.

Wenn die Attribute fertig gesetzt wurden, kann über eine build-Methode das eigentliche Objekt der eigentlichen Klasse erzeugt werden.

Die Aneinanderkettung von Methodenaufrufen im Builder-Pattern wird allgemein auch **Method Chaining** genannt.

Verallgemeinert man den Ansatz im Builder-Pattern weg von bloßer Objekterzeugung hin zu einem allgemeinen API, so spricht man von einem Fluent Interface.

Ein **Fluent Interface** ist ein objektorientiertes API, das so designt wurde, dass es bei jedem Methodenaufruf immer einen Rückgabetypen zurückgibt, der festlegt, welches die sinnvollen nächstmöglichen Methodenaufrufe sind.

Die Aufrufkette wird spätestens durch den Rückgabetypen **void** terminiert.

Ein Fluent Interface kann es bei sehr guter Umsetzung ermöglichen, mit beinahe natürlicher Sprache zu programmieren.

Für die Aufgaben dieser Lektion haben Sie verstanden,

- wie das Builder Pattern funktioniert.

- was Method Chaining ist.

- wie geschachtelte Klassen funktionieren, insbesondere statische, geschachtelte Klassen und innere Klassen.

- Wie die grundlegende Idee eines Fluent Interfaces ist.

NÄHRSTOFFANGABEN
AUFGABE 21.1

Implementieren Sie mit Hilfe des **Builder Pattern** eine Klasse **Nährstoffangaben** mit den verpflichtenden Feldern

- Portionsgröße

- Anzahl Portionen

und den optionalen Feldern

- Eiweiß

- Fett

- Kohlenhydrate

- Natrium

Webseitenabruf mit Jersey

Aufgabe 21.2

Hinweis: Verwenden Sie die Datei pom.xml und den Source Code aus dem **webclient**-Package im Anhang bzw. laden Sie sich die Dateien von folgender Materialienseite herunter:

https://sites.google.com/site/steffenheinzl/

Erstellen Sie (in Eclipse) ein Maven-Projekt. Kopieren Sie alle <dependency>-Einträge aus der zur Verfügung gestellten *pom.xml* in Ihre *pom.xml*, um die Jersey-Bibliotheken auf den Klassenpfad hinzuzufügen.

Modifizieren Sie das zur Verfügung gestellte Beispiel so, dass folgende URL mit dem Media Type *JSON* abgerufen wird:

https://jsonplaceholder.typicode.com/posts/1

BINÄRBAUM
AUFGABE 21.3

Ein Binärbaum hat **ein** Wurzelelement (**root**). An jedem Element können wiederum zwei Elemente hängen (siehe Abbildung).

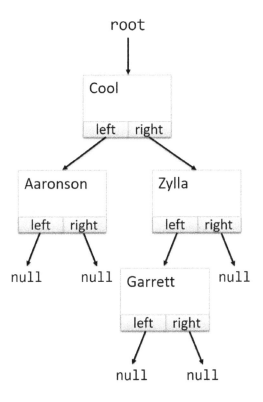

Erstellen Sie eine *generische* Klasse **Baum** und eine *generische* Klasse **Element**. *Schachteln* Sie die Klasse **Element** in den **Baum**.

Ergänzen Sie Ihre Klasse **Baum** um Methoden, die es ermöglichen, Elemente in den Baum hinzuzufügen sowie alle Elemente des Baumes auszugeben.

Bei der Erstellung eines Baums soll der Nutzer der **Baum**-Klasse festlegen können, welchen Datentyp die **Elemente** im **Baum** haben.

Schreiben Sie einen sinnvollen JUnit Test für Ihre Baumimplementierung!

EXAM
AUFGABE 21.4

Hinweis: Verwenden Sie den Source Code und die Datei aus dem **exam**-Package im Anhang bzw. laden Sie sich die Dateien von folgender Materialienseite herunter:

https://sites.google.com/site/steffenheinzl/

Aus der Quizaufgabe kennen Sie sich bereits mit Quiz-/Testbögen aus. In dieser Aufgabe sollen Sie die Klasse **Exam** erweitern, die einen Test-/Quizbogen aus Textfragen repräsentiert.

Die Klasse soll das Einlesen von Fragen aus einer Datei und die Erzeugung eines Tests im *LaTex*-Format ermöglichen. In den Teilaufgaben sind die Anforderungen an die **Exam** Klasse genannt, die Sie implementieren sollen.

Die Klasse **Exam** soll mehrere **Question**-Objekte haben können. In der Datei *questions.txt* sind zeilenweise Fragen gespeichert.

a) Ergänzen Sie die Klasse **Exam** um eine Methode **readQuestions**, die

- die Datei *questions.txt* zeilenweise einliest,

- aus jeder eingelesenen Zeile ein **Question**-Objekt erstellt,

- die **Question**-Objekte in einem Attribut zwischenspeichert.

Eine möglicherweise auftretende **IOException** soll propagiert werden. Leerzeilen in der Datei sollen übersprungen werden.

b) Ergänzen Sie die Klasse **Question**, um eine Methode **toTexQuestion**, die den eingelesenen Fragentext in folgendes Format (inklusive Leerzeile zwischen den beiden Befehlen) überführt:

```
\textbf{Fragentext}\\

\vspace*{20mm}
```

Beispiel für die Frage *Was besagt das Substitutionsprinzip?* :

```
\textbf{Was besagt das Substitutionsprinzip?}\\

\vspace*{20mm}
```

c) Nachdem die Fragen geladen wurden, soll das **Exam** als Text in eine Datei geschrieben werden. Ergänzen Sie die Klasse **Exam** um eine Methode **writeTexQuiz**, die

- zunächst den Header,

- dann die Fragen im TeX-Format,

- anschließend das Ende des Dokuments

in die Datei *test.tex* schreibt.

d) Schreiben Sie einen JUnit Test, der beide Methoden (Einlesen der Fragen und Schreiben des Quiz) in der richtigen Reihenfolge aufruft. Der Test soll erfolgreich durchlaufen, wenn die Datei *test.tex* existiert.

Hinweis: Wenn Sie versuchen, eine Datei, die es nicht gibt, mit einem Stream zu öffnen, wirft die JVM eine **FileNotFoundException**.

e) Skizzieren Sie kurz mit Hilfe von Java Code, wie Sie mit Hilfe eines Fluent Interface (und einer inneren Klasse) sicherstellen können, dass ein Entwickler den Methodenaufruf **writeTexQuiz** nicht vor **readQuestions** absetzen kann.

LEKTION 22

Threads ermöglichen es, Anweisungen (quasi-)parallel zu den Anweisungen in der **main**-Methode auszuführen.

Die parallel auszuführenden Anweisungen werden durch die **run**-Methode der **Thread**-Klasse aus der Java-Standardbibliothek bestimmt. Dies kann auf unterschiedliche Weise geschehen:

- Wir können eine eigene Klasse schreiben, die von **Thread** erbt. Diese Klasse überschreibt die **run**-Methode. In der überschriebenen **run**-Methode werden die Anweisungen angegeben, die parallel ausgeführt werden.

- Wir können eine Klasse erstellen, die das Interface **Runnable** implementiert. Das Interface **Runnable** gibt vor, dass unsere implementierende Klasse eine **run**-Methode besitzen muss. Um die Anweisungen parallel auszuführen, verwenden wir die **Thread**-Klasse aus der Java-Standardbibliothek und übergeben ihr bei der Instanziierung unser **Runnable**-Objekt. Der Thread ruft dann aus seiner **run**-Methode die **run**-Methode des **Runnable**-Objekts auf.

- Wenn ein Thread nur innerhalb einer Methode benötigt wird, kann sich die Verwendung einer **anonymen Klasse** anbieten. Die anonyme Klasse erbt von der Klasse Thread, ohne dass für die Klasse ein Name vergeben wird. Diese Lösung eignet sich, wenn vom Thread kein Rückgabewert benötigt wird.

- Wenn vom Thread ein Rückgabewert benötigt wird, er aber nur innerhalb einer Methode verwendet wird, bietet sich statt einer anonymen Klasse eine **lokale Klasse** an. Hier erfolgt die

Klassendefinition einfach **innerhalb** der Methode, in der die Klasse auch verwendet wird.

Die Verwendung eines **Runnable**-Objekts zur Bestimmung, welche Anweisungen ein **Thread**-Objekt ausführt, ändert, **wer** die Ausführung des Codes bestimmt. Normalerweise obliegt dem **Thread**-Objekt zu bestimmen, welcher Code in seiner **run**-Methode ausgeführt wird. Das **Thread**-Objekt aber lässt von außen das **Runnable**-Objekt bestimmen, welchen Code es ausgeführt. Dieses Prinzip heißt auch **inversion of control** und wird ähnlich im **Visitor** Design Pattern verwendet.

Um die Aufgaben dieser Lektion erfolgreich bearbeiten zu können, wissen Sie,

- wie Threads in Java erstellt werden

- wie man mit der Methode **join** auf das Ende eines Threads wartet

- wie anonyme und lokale Klassen funktionieren.

Die restlichen Aspekte, die für die Aufgaben wichtig sind, haben Sie bereits in den vergangenen Lektionen gelernt.

YIN YANG THREAD
AUFGABE 22.1

a) Schreiben Sie ein Programm, welches einen zusätzlichen Thread startet. Der zusätzliche Thread soll alle 0,5 Sekunden *Yang* ausgeben. Der Ausgangs-Thread soll alle 0,5 Sekunden *Yin* ausgeben. Was können Sie an den Ausgaben beobachten?

b) Modifizieren Sie Ihren zusätzlichen Thread so, dass er im Konstruktor die Nachricht entgegennimmt, die er ausgeben soll. Starten Sie in der **main**-Methode zwei Instanzen Ihres Threads. Der eine soll alle 0,5 Sekunden „Yin" ausgeben, der andere „Yang".

c) Um den Thread zu instanziieren, haben Sie voraussichtlich eine Lösung durch Vererbung erarbeitet. Probieren Sie – wenn noch nicht geschehen – obiges Problem mit folgenden Ansätzen zum Programmieren eines Threads zu lösen:

- per Vererbung

- durch das Interface **Runnable**

- durch eine anonyme Klasse

- durch eine lokale Klasse

Primzahl-Thread
Aufgabe 22.2

Hinweis: Verwenden Sie den Source Code aus dem **primzahl**-Package im Anhang bzw. laden Sie sich die Datei von folgender Materialienseite herunter:

https://sites.google.com/site/steffenheinzl/

a) Modifizieren Sie die Klasse **PrimzahlThread** dahingehend, dass der **PrimzahlThread** im Konstruktor eine *Liste* der zu überprüfenden Zahlen entgegennimmt.

In der **run**-Methode soll der **PrimzahlThread** nun alle Zahlen der Liste daraufhin überprüfen, ob diese *prim* sind.

Anstelle des Strings **ergebnis** soll der Thread eine **Map ergebnis** haben. Für jede untersuchte Zahl soll ein Eintrag der folgenden Art in der **Map** ergänzt werden, bspw.:

```
341 -> false
```

```
633910099 -> true
```

wobei 341 der Key und `false` der Value ist.

b) In der **main**-Methode sollen mehrere **PrimzahlThread**-Objekte gestartet werden. Dann soll der Haupt-Thread auf die Threads warten und die Ergebnisse der einzelnen Threads in einer einzigen **Map** zusammenlegen.

Die Mappings sollen – wie in Aufgabe a) dargestellt – ausgegeben werden.

MULTI-THREADED TCP SERVER
AUFGABE 22.3

a) Schreiben Sie einen TCP Server, der nach jeder Annahme einer Verbindungsanfrage mit der Methode **accept**, einen neuen **Thread** erstellt und diesem das von **accept** zurückgegebene **Socket**-Objekt übergibt. Der Haupt-Thread soll direkt auf weitere Verbindungsanfragen warten.

b) Der neu erzeugte **Thread** soll die Verarbeitung der Anfrage vornehmen. Eine Client-Anfrage besteht aus einer Liste von Zahlen, die der Server daraufhin überprüfen soll, ob diese prim sind.

c) Schreiben Sie einen TCP Client, der sich zum Server verbindet, diesem eine Liste von Zahlen schickt und auf eine Antwort wartet.

d) Testen Sie Ihren Server, indem Sie mit mindestens zwei Clients parallel eine Verbindung zum Server aufbauen.

e) Ändern Sie Ihr Programm so ab, dass Ihre **Thread**-Klasse als geschachtelte Klasse im Server verwendet wird.

COMPARATOR

AUFGABE 22.4

Hinweis: Untenstehende Klasse **Kreuzwortraetsel** ist im **raetsel**-Package enthalten und von folgender Materialienseite herunterladbar:

https://sites.google.com/site/steffenheinzl/

Ein **TreeSet** ist eine generische Klasse, die das **Set**-Interface implementiert. Das **Set** wird dabei als Baum abgespeichert.

In dem Baum wird eine natürliche Ordnung sichergestellt, in der die Elemente mit Hilfe der **compareTo**-Methode geordnet eingefügt werden.

Soll eine andere Ordnung der Elemente hergestellt werden, ist dies möglich, indem eine Klasse erstellt wird, die das **Comparator**-Interface implementiert.

Das generische **Comparator**-Interface sieht (ausschnittsweise) wie folgt aus:

```
public interface Comparator<T>
{
  /*Compares its two arguments for order. Returns
a negative integer, zero, or a positive integer
as the first argument is less than, equal to, or
greater than the second.
  …
  */
  int compare(T o1, T o2);
}
```

Die untenstehende Klasse **Kreuzwortraetsel** zeigt ein Beispiel für ein **TreeSet**, das die natürliche Ordnung verwendet.

```
public class Kreuzwortraetsel
{
  static String[] alleWoerter = {
    "Bienenschwarm", "Buch",
    "Bibel", "Beige", "Barriere",
    "Bein", "Beil", "Christ",
    "Christian", "Carmen"};

  public static void main(String[] args)
  {
    TreeSet<String> t = new TreeSet<>();
    t.addAll(Arrays.asList(alleWoerter));
    for(String wort : t)
      System.out.println(wort);
  }
}
```

Anmerkungen:

Mit **Arrays.asList(array)** lässt sich aus einem Array eine Liste erstellen.

Mit **t.addAll** lassen sich alle Elemente einer **Collection** in **t** einfügen.

a) Implementieren Sie einen **Comparator**, der es ermöglicht, die Wörter des Kreuzworträtsels zunächst der Länge nach und bei gleicher Länger nach dem Alphabet zu sortieren.

b) Die Klasse **TreeSet** stellt einen Konstruktor zur Verfügung, der einen **Comparator** entgegennimmt, der die Ordnung für den Baum festlegt. Modifizieren Sie obiges Beispiel so, dass das **TreeSet** Ihren **Comparator** aus Aufgabenteil a) verwendet.

c) Implementieren Sie Ihren **Comparator** noch einmal mit Hilfe einer anonymen Klasse.

d) Was sind in diesem Beispiel die Vor- und Nachteile der Verwendung der anonymen Klasse?

Visitor
Aufgabe 22.5

Hinweis: In dieser Aufgabe ist nur ein Ausschnitt des Codes gezeigt. Verwenden Sie den Source Code aus dem **visitor**-Package im Anhang bzw. laden Sie sich die Dateien von folgender Materialienseite herunter:

https://sites.google.com/site/steffenheinzl/

Gegeben ist folgendes Interface...

```
public interface Visitor<T>
{
  public void visit(Knoten<T> current);
}
```

...sowie folgende Baumimplementierung:

```
public class Baum<E extends Comparable<E>>
{
  public static class Knoten<E>
  {
    Knoten<E> left;
    Knoten<E> right;
    E content;
  }

  Knoten<E> root;

  protected void traversiere(Visitor<E> visitor)
  {
    if (root == null) return;
    else traversiere(root, visitor);
  }
```

```
protected void traversiere(
  Knoten<E> current, Visitor<E> visitor)
{
  if (current.left != null)
    traversiere(current.left, visitor);
  visitor.visit(current);
  if (current.right != null)
    traversiere(current.right, visitor);
  }
}
```

Die **traversiere**-Methode wird benutzt, um den Baum komplett zu durchlaufen. Dabei ruft die **traversiere**-Methode bei jedem Knoten des Baums einmal die **visit**-Methode des übergebenen **Visitors** auf.

Ihre Aufgabe ist die Implementierung einer **size**-Methode, die mit Hilfe eines von Ihnen geschriebenen Visitors und der vorgegebenen **traversiere**-Methode die Anzahl der Knoten im Baum bestimmt.

a) Schreiben Sie dazu eine Klasse, die das **Visitor**-Interface implementiert. Der von Ihnen implementierte **Visitor** soll in obiger **traversiere**-Methode benutzt werden, um die Anzahl der Knoten im Baum zu bestimmen.

b) Ergänzen Sie die Klasse **Baum**, um eine Methode **size**, die Ihre **Visitor**-Implementierung aus Teilaufgabe a) instanziiert, die **traversiere**-Methode aufruft und die vom **Visitor** gezählte Anzahl der Elemente zurückgibt.

c) Implementieren Sie Ihren **Visitor** mit Hilfe einer lokalen Klasse.

LEKTION 23

Funktionale Programmierung hat in unterschiedlichen Graden Einzug in eigentlich alle großen objektorientierten Sprachen gehalten.

Gerade im Bereich der Collections ist funktionale Programmierung in Java äußerst nützlich. Mit Hilfe von **Lambda-Ausdrücken** ist es möglich, kurz und prägnant nicht mehr extern, sondern **intern** über Collections zu iterieren.

Durch die Übergabe eines Lambda-Ausdrucks an eine Collection, können wir der Collection selbst überlassen, wie sie über ihre Daten läuft, und ihr nur durch den Lambda-Ausdruck mitteilen, welche Anweisungen wir auf die Daten anwenden wollen.

Damit verstoßen wir nicht mehr wie bisher gegen das **Tell, don't ask Prinzip**. Bisher haben wir immer Daten einer Collection angefordert und dann mit den Daten gearbeitet.

Es gibt verschiedene Standardoperationen, mit denen wir auf den Daten einer Collection arbeiten können. Dazu muss von der Collection aus zunächst ein **Stream**-Objekt erstellt werden.

Stream ist ein generisches Interface, das uns unter anderem folgende Methoden anbietet:

- Die **forEach**-Methode erlaubt es, auf jedes Element des Streams einen Lambda-Ausdruck anzuwenden. Dabei wird kein Rückgabewert erwartet.

- Die **filter**-Methode erlaubt es, für jedes Element des Streams mit Hilfe eines Lambda-Ausdrucks, der **true** oder **false** zurückgibt, zu bestimmen, ob das Element im Stream bleiben soll.

- Die **map**-Methode erlaubt es, jedes Element des Streams mit Hilfe eines Lambda-Ausdrucks auf ein neues Objekt (auch von einem anderen Datentyp) zu mappen. Dabei entsteht ein neuer Stream.

Nach jedem Methodenaufruf (außer **forEach**) wird in der Regel ein neuer Stream mit den neuen oder noch im Stream befindlichen Elementen erstellt.

Am Ende aller Operationen kann der Stream durch einen **Collector** wieder in eine Collection zurückverwandelt werden.

Für die Aufgaben in dieser Lektion

- wissen Sie, wie Lambda-Ausdrücke in Java aufgebaut sind.

- kennen Sie die Methoden **filter**, **map**, **forEach**, **count** des **Stream**-Interface.

- wissen Sie, dass jedes Interface, das nur eine reguläre Methode beinhaltet, ein Functional Interface ist.

- kennen Sie die Interfaces **Consumer**, **Function** und **Predicate**.

- kennen Sie die vorgefertigten Collectors **toList** und **joining** der Klasse **Collectors**.

- wissen Sie, was **generische Methoden** sind.

Um das Stream-API besser zu verstehen, sind Sie mit Upper und Lower Bounded Wildcards aus dem Bereich Generics vertraut.

BUNDESLIGA-ANALYSATOR
AUFGABE 23.1

Hinweis: Verwenden Sie die vorgegebenen Klassen aus dem **bundesliga**-Package im Anhang bzw. laden Sie sich den Code von folgender Materialienseite herunter:

https://sites.google.com/site/steffenheinzl/

Nutzen Sie zunächst die Methode **erzeugeTabelle** aus der Klasse **Mannschaft**, um die Bundesligatabelle zu erstellen.

Danach sollen Sie auf eine Bundesligatabelle folgende „Analysen" mit Hilfe von Streams und Lambda-Ausdrücken durchführen.

a) Geben Sie alle Mannschaften der Tabelle aus, die mehr als 50 Punkte haben.

b) Geben Sie alle Mannschaftsnamen aus.

c) Geben Sie alle Mannschaftsnamen, die mit *F* beginnen, nach dem Alphabet sortiert aus.

Hinweis: Das **Stream**-Interface stellt dazu die **sorted**-Methode zur Verfügung.

d) Geben Sie die Mannschaft mit den meisten Gegentoren aus.

Hinweis: Das **Stream**-Interface stellt dazu die **max**-Methode zur Verfügung.

Lambda-Comparator
Aufgabe 23.2

Hinweis: Verwenden Sie die Klasse **Kreuzwortraetsel** aus dem **raetsel**-Package im Anhang oder laden Sie diese von folgender Materialienseite herunter:

https://sites.google.com/site/steffenheinzl/

In einer vergangenen Aufgabe haben Sie einen **Comparator** als eigene Klasse oder mit Hilfe einer anonymen Klasse implementiert.

Implementieren Sie den **Comparator** aus Aufgabe 22.4 mit Hilfe eines Lambda-Ausdrucks anstelle einer anonymen Klasse!

BACK-BUTTON MIT OPTIONAL
AUFGABE 23.3

Hinweis: Verwenden Sie die Klasse aus dem **browser**-Package im Anhang oder laden Sie diese von folgender Materialienseite herunter:

https://sites.google.com/site/steffenheinzl/

In einer vergangenen Aufgabe haben Sie ein **Optional** verwendet, um explizit auszudrücken, dass eine Variable – bspw. der Rückgabewert des Back-Buttons des Browsers – entweder einen Wert hat oder **empty** sein kann. Die Klasse **Optional** stellt die Methode **ifPresent** zur Verfügung, die einen **Consumer** entgegennimmt.

Ändern Sie Ihr Programm so ab, dass Sie nach Aufruf der **back**-Methode die Methode **ifPresent** so verwenden, dass **retrieveSite** aufgerufen wird, falls das **Optional** nicht **empty** ist.

GENERISCHE METHODEN
AUFGABE 23.4

Hinweis: Laden Sie die Dateien und den Source Code (**generic**-Package) von folgender Materialienseite herunter:

https://sites.google.com/site/steffenheinzl/

Falls dies für Sie nicht möglich ist, verwenden Sie den Source Code im Anhang und erzeugen die Dateien durch Ausführung der beiden Klassen selbst.

Für diese Aufgabe stehen Ihnen die folgenden beiden Klassen zur Verfügung:

```java
public class Adressbucheintrag
  implements Serializable
{
  private static final long serialVersionUID =
    1163152674322328138L;
  String nachname;
  String vorname;
  String strasse;
  int plz;
  String wohnort;
}

public class Telefonbucheintrag
  implements Serializable
{
  private static final long serialVersionUID =
    3301902733770137486L;
  String nachname;
  String vorname;
  String telefonnummer;
```

}

Ferner liegen in Ihrem Projekt folgende Dateien:

- *telefon.dat*, die mehrere Objekte vom Typ **Telefonbucheintrag** beinhaltet.

- *addressen.dat*, die mehrere Objekte vom Typ **Adressbucheintrag** beinhaltet.

a) Erzeugen Sie die Klasse **CSVErzeuger**. Sie soll eine Methode **liesAdressbuch** enthalten, die die Einträge der Datei *adressen.dat* einliest und als Liste von Adressbucheinträgen zurückgibt.

b) Ergänzen Sie die Klasse **CSVErzeuger** um eine Methode **liesTelefonbuch**, die die Einträge der Datei *telefon.dat* einliest und als Liste von Telefonbucheinträgen zurückgibt.

c) Ergänzen Sie die Klasse **CSVErzeuger** um eine generische Methode **lies**. Die Methode soll folgende Signatur haben:

```
public static <T> List<T>
    read(String filepath, Class<T> clazz)
    throws IOException, ClassNotFoundException
```

- **filepath** soll die Datei angeben, aus der gelesen wird.

- **clazz** soll der Objekttyp sein, der aus der Datei gelesen wird, bspw. **Adressbuch.class**.

d) Ergänzen Sie die Klasse **CSVErzeuger** um eine Methode **fuehreZusammen**. Die Methode soll eine Liste von Adressbucheinträgen und eine Liste von Telefonbucheinträgen zusammenführen und dabei eine Liste von kommaseparierten Strings erstellen und zurückgeben.

Ein **Adressbucheintrag** soll immer dann mit einem **Telefon-bucheintrag** zusammengeführt werden, wenn Vorname und Nachname in beiden Einträgen identisch sind.

Beispiel:

Adressbucheintrag:
Nachname: "Cool"
Vorname: "Joe",
Straße: "Musterstr. 1",
plz: 12345
Wohnort: "Berlin"

Telefonbucheintrag:
Nachname: "Cool"
Vorname: "Joe"
Telefonnummer: "+49123456789"

wird zu:

"Cool,Joe,Musterstr. 1,12345,Berlin,+49123456789"

e) Ergänzen Sie die Klasse **CSVErzeuger** um eine Methode **schreibe**, die eine Liste der zusammengeführten kommaseparierten Strings zeilenweise in eine *csv*-Datei (oder *txt*-Datei) schreibt.

LEKTION 24

Methodenreferenzen sind eine Möglichkeit, den Code an den Stellen, an denen ansonsten aufgrund eines Functional Interface ein Lambda Ausdruck verwendet wird, noch ein wenig kürzer zu gestalten. Denn: Methodenreferenzen benötigen keine angegebenen Argumente:

```
List<String> bBrothers
  = Arrays.asList("Burt", "Bronski", "Peter");

bBrothers.stream()
  .map(name -> name.toUpperCase())
  .forEach(System.out::println);
```

Bei **forEach** benötigen wir normalerweise aufgrund des erwarteten **Consumer**-Objekts einen Lambda-Ausdruck, der eine Variable aus dem Stream nimmt und damit eine Methode aufruft, die keinen Rückgabewert hat.

Bei **System.out::println** wird die Variable aus dem Stream genommen und an die Methode **println** von **System.out** weitergeleitet. Das ist in diesem Fall einfach, denn die Methode erwartet ein Argument und hat keinen Rückgabewert. Das erfüllt genau die Vorgabe durch das Interface **Consumer**.

Es gibt fünf verschiedene Arten von Methodenreferenzen, bei denen jeweils die Argumente an Methoden über die Methodenreferenzen weitergeleitet werden. Die drei gängigsten:

- **Bound method references:** Die Referenz ist an eine Methode (**println**) eines konkreten Objekts (**out**) gebunden. Der

String wird (von **forEach**) als Argument an die **println**-Methode übergeben.

- **Static method references:** Die Referenz ist an eine statische Methode gebunden.

```
List<String> lines
  = Files.readAllLines(
  new File("numbers.txt").toPath());

lines.stream()
  .map(Integer::valueOf)
  .forEach(i -> System.out.println(i));
```

Wie bei bound method references, wird (von **map**) das Objekt (der **String**) als Argument an die statische Methode (**valueOf** von **Integer**) weitergereicht.

- **Unbound method references:** Die Referenz ist nicht an ein Objekt gebunden. Der Aufruf erfolgt auf dem (von **map**) übergebenen Objekt (dem konkreten **String** aus dem **Stream**) selbst.

```
List<String> bBrothers
  = Arrays.asList("Burt", "Bronski", "Peter");

bBrothers.stream()
  .map(String::toUpperCase)
  .forEach(System.out::println);
```

In der Regel erfolgen auf einer Collection bzw. einem **Stream filter**- und **map**-Operationen. Als abschließenden Schritt haben wir bisher hauptsächlich den Stream wieder in eine Collection überführt oder den Stream ausgegeben.

Oft ist aber auch eine Auswertung notwendig, wie beispielsweise die Bestimmung des Durchschnittsalters aller Studierenden einer Fakultät. Hier kommen **reduce**-Methoden ins Spiel.

reduce-Methoden werden in der Regel dazu genutzt, festzulegen, wie je *zwei* Elemente eines Streams zu *einem* verknüpft werden. Als Resultat fällt am Ende ein Element für den gesamten Stream heraus.

Neben der allgemeinen und flexibelsten **reduce**-Methode gibt es spezialisierte **reduce**-Methoden, die auf Zahlen arbeiten.

Um diese verwenden zu können, muss der **Stream** zunächst auf einen spezialisierten Stream gemappt werden, bspw. mit der **mapToInt**-Methode auf einen **IntStream** oder der **mapToDouble**-Methode auf einen **DoubleStream**.

Auf den spezialisierten Streams sind dann spezialisierte **reduce**-Methoden wie **average**, **min**, **max** und **sum** verfügbar, die den Durchschnitt, das Minimum, das Maximum oder die Summe aller Elemente des Streams bestimmen.

Eine weitere wichtige Operation ist die **flatMap**-Methode. **flatMap** mapped (vereinfacht gesagt) ein Element aus dem Stream auf einen neuen Stream (mit dem gleichen oder einem anderen Datentyp) und legt die verschiedenen, entstehenden Streams zu einem einzelnen Stream zusammen.

Für die Übungen dieser Lektion sollten Sie

- **reduce**-Methoden verstanden haben. Es kann außerdem helfen, wenn Sie das **BinaryOperator**-Interface kennen.

- die **flatMap**-Methode verstanden haben.

- verstanden haben, welche Auswirkung Checked Exceptions auf Lambda-Ausdrücke haben.

Die letzte Aufgabe dieser Lektion (*Word Count*) ist eine anspruchsvolle Aufgabe. Neben der funktionalen Programmierung ist hier eine selbstständige Konfiguration der Maven-Dependencies erforderlich, eine kurze Einarbeitung in das Framework *jsoup* und das Verstehen des **Map-Reduce-Verfahrens** (im Aufgabentext beschrieben).

Je nachdem, ob der Word Count für alle Artikel oder je Artikel erfolgt, kann die Verwendung der Methoden `flatMap`, `toMap` und `Stream.of` sinnvoll sein.

Es gibt im Bereich funktionale Programmierung noch viele weitere Bereiche, die man anschneiden könnte. Wie bei vielen Gebieten ist hier nur ein Ausschnitt gewählt worden, der für Sie die Grundlagen legen soll, sich in den verschiedenen Bereichen weiterzuentwickeln.

B-BRÜDER

AUFGABE 24.1

Hinweis: Verwenden Sie die vorgegebene Klasse aus dem **bbruder**-Package im Anhang bzw. laden Sie sich den Code von folgender Materialienseite herunter:

https://sites.google.com/site/steffenheinzl/

Um sich mit der standardmäßigen **reduce**-Methode vertraut zu machen, dürfen Sie in den Teilaufgaben a) – c) weder **collect**-Methoden noch vorgefertigte Collectors noch spezialisierte **reduce**-Methoden wie **average**, **max**, etc. verwenden.

a) Verwenden Sie eine **reduce**-Methode, um die Namen aller B-Brüder in einer kommaseparierten Liste auszugeben.

b) Verwenden Sie eine **reduce**-Methode, um das durchschnittliche Bankdrückengwicht der B-Brüder zu bestimmen.

c) Überlegen Sie, an welchen Stellen Sie Methodenreferenzen einsetzen können!

d) Lösen Sie die Aufgabe a) mit `Collectors.joining`.

e) Lösen Sie die Aufgabe b) mit der `DoubleStream.average` Methode.

LAMBDA-KARTENDECK
AUFGABE 24.2

Hinweis: Verwenden Sie die vorgegebenen Klassen aus dem **lambdakarten**-package im <u>Anhang</u> bzw. laden Sie sich den Code von folgender Materialienseite herunter:

https://sites.google.com/site/steffenheinzl/

Verwenden Sie in dieser Aufgabe keine Schleifen, sondern das Stream-API und Lambda-Ausdrücke.

a) Ergänzen Sie die Klasse **Kartendeck** um eine Methode **erzeugeDeck**, die ein Deck mit 32 Karten erzeugt.

   Dabei sollen die Werte der vorgegebenen Enums verwendet werden.

b) Wenn Sie in Aufgabe a) die Methode **forEach** verwendet haben, versuchen Sie die Aufgabe mit der **flatMap**- anstelle der **forEach**-Methode zu lösen.

c) Ergänzen Sie in der Klasse **Kartendeck** die Methode **toString**. Alle Karten des Decks sollen – mit Komma getrennt – hintereinander ausgegeben werden.

   Beispielausgabe der toString-Methode:

```
KARO BUBE, HERZ BUBE, PIK BUBE, KREUZ BUBE, KARO
ASS, HERZ ASS, PIK ASS, KREUZ ASS, KARO ZEHN,
HERZ ZEHN, PIK ZEHN, KREUZ ZEHN, KARO KOENIG,
HERZ KOENIG, PIK KOENIG, KREUZ KOENIG, KARO DAME,
HERZ DAME, PIK DAME, KREUZ DAME, KARO NEUN, HERZ
NEUN, PIK NEUN, KREUZ NEUN, KARO ACHT, HERZ ACHT,
```

PIK ACHT, KREUZ ACHT, KARO SIEBEN, HERZ SIEBEN,
PIK SIEBEN, KREUZ SIEBEN

EXCEPTIONS IN LAMBDA AUSDRÜCKEN
AUFGABE 24.3

Checked Exceptions verhindern die Verwendung von kurzen, präzisen Lambda-Ausdrücken.

```java
public static void main(String[] args)
{
  String site = "https://en.wikipedia.org/wiki/";
  List<String> urls = Arrays.asList(
    site + "Donald_Trump",
    site + "Angela_Merkel",
    site + "Vladimir_Putin");

  urls.stream()
    .forEach(url ->
    {
      try
      {
        System.out.println(new URL(url));
      }
      catch (MalformedURLException e)
      {
        throw new RuntimeException(e);
      }
    });
}
```

Der kurze Lamba-Ausdruck

```java
url -> System.out.println(new URL(url))
```

wird durch die Exception auf mehrere Codezeilen aufgebläht.

Als Workaround können weitere Functional Interfaces definiert werden, die im eigenen Code eingesetzt werden können. Diese Functional Interfaces fangen Checked Exceptions und propagieren diese als Unchecked Exceptions.

Im folgenden Code sehen Sie ein Beispiel für ein Functional Interface, das ähnlich zum **Consumer**-Interface ist, aber Checked Exceptions durch das Wrappen in eine **static**-Methode als Unchecked Exceptions propagiert.

```java
@FunctionalInterface
public interface
  ThrowingConsumer<T,E extends Exception>
{
  void accept(T t) throws E;

  static <T,E extends Exception> Consumer<T>
    unchecked(ThrowingConsumer<T, E> consumer)
  {
    return t ->
    {
      try
      {
        consumer.accept(t);
      }
      catch(Exception e)
      {
        throw new RuntimeException(e);
      }
    };
  }
}
```

Das Interface und die statische Methode können dann wie in folgendem Beispiel verwendet werden:

```java
public static void main(String[] args)
```

```
{
  String site = "https://en.wikipedia.org/wiki/";
  List<String> urls = Arrays.asList(
    site + "Donald_Trump",
    site + "Angela_Merkel",
    site + "Vladimir_Putin");

  urls.stream()
    .forEach(
      ThrowingConsumer.unchecked(
        url -> System.out.println(new URL(url))));
  }
}
```

Beim Anlegen einer URL kann eine Checked Exception (konkret: eine **MalformedURLException**) auftreten. Durch das Wrappen des Methodenaufrufs in der **unchecked**-Methode aus dem **Throw-ingConsumer**-Interface, wird die Checked Exception gefangen und als Unchecked Exception propagiert.

Schreiben Sie analog zu obigem Interface ein Functional Interface für **Function** statt **Consumer**.

WORD COUNT
AUFGABE 24.4

Das Map-Reduce-Verfahren wird häufig für Probleme angewendet, die rechenintensiv und gut parallelisierbar sind. Ein gutes Beispiel ist der Word Count über verschiedene Zeilen, Absätze oder gar Dokumente hinweg.

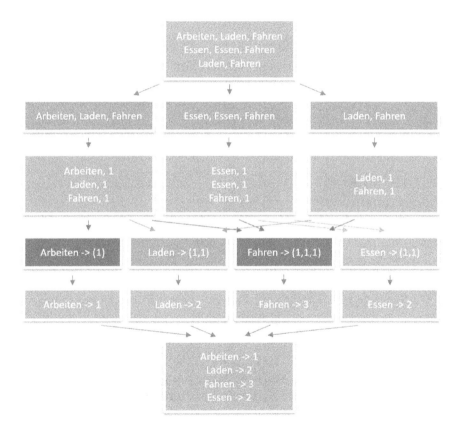

Oben in der Abbildung beginnend werden die Daten zunächst unterteilt. Jede Zeile (z. B. Arbeiten, Laden, Fahren) repräsentiert ein eigenes Dokument.

Jedes Dokument wird daraufhin einem eigenen Rechner, Server, Prozessor oder Thread zugewiesen. Wenn mehr Dokumente als Recheneinheiten vorhanden sind, dann kann auch jede Recheneinheit mehrere Dokumente zugewiesen bekommen.

Danach wird jedem Wort zugewiesen, wie oft es im Dokument auftritt. Dabei könnte bei einem einfachen Problem, wie dem Word Count, auch direkt eine Aufsummierung vorgenommen werden. Bspw. könnte anstatt, *Essen* zweimal eine *1* zuzuweisen, auch Essen einmal eine 2 zugewiesen werden.

Anschließend werden alle Vorkommnisse eines Wortes an eine Recheneinheit übermittelt, die die Treffer zusammenfasst/zusammenzählt.

Im letzten Schritt werden die Ergebnisse jeder einzelnen Recheneinheit zu einem Gesamtergebnis zusammengelegt.

Ihre Aufgabe ist es den Word Count mit Hilfe des Stream-API zu implementieren.

Durch die **parallelStream**-Methode können Sie die Parallelisierung des Stream-API verwenden.

Es sollen folgende Wikipedia-Artikel daraufhin analysiert werden, welche Wörter dort am häufigsten auftreten:

```
https://en.wikipedia.org/wiki/Donald_Trump
https://en.wikipedia.org/wiki/Angela_Merkel
https://en.wikipedia.org/wiki/Vladimir_Putin
```

Nutzen Sie zum Download der Wikipedia-Seiten das *jsoup*-Framework (https://jsoup.org/). Auf der Seite sind die Einstiege in das Framework wie auch die benötigten Maven-Dependencies beschrieben.

Überlegen Sie, welche Phasen Sie implementieren müssen und welche Phasen Ihnen automatisch von dem Stream-API abgenommen werden.

POTPOURRI

Die folgenden Aufgaben sind nicht mehr einzelnen Themen zuge-ordnet, sondern können alles bisher Gelernte umfassen. Der Ler-nende muss für diese Aufgaben selbst eine Entscheidung treffen, mit welchen Mitteln er die Aufgaben löst.

Die Aufgaben variieren in der Schwierigkeit und haben eine eher zu-fällige Anordnung. Wenn Sie an einer Aufgabe hängen, überspring-en Sie diese erst einmal und kehren Sie später zu der Aufgabe zu-rück.

TELEFONVERWALTUNG
AUFGABE P.1

Gegeben sei die folgende Klasse **Telefon**:

```
public class Telefon
{
  double preis;
  String farbe;
  boolean schnurlos;

  public Telefon(double preis,
    String farbe, boolean schnurlos)
  {
    this.preis = preis;
    this.farbe = farbe;
    this.schnurlos = schnurlos;
  }
}
```

a) Erweitern Sie die Klasse um die Möglichkeit, **Telefon**-Objekte aufsteigend nach deren Preis zu sortieren, indem die Klasse das Interface **Comparable** implementiert.

b) Schreiben Sie eine Klasse, welche **Telefon**-Objekte mithilfe einer Liste verwaltet. Die Klasse soll zwei Methoden besitzen.

- Die Methode **einfuegen**, welche Telefonobjekte in die Liste einfügt.

- Die Methode **sortiere**, welche die in der Liste enthaltenen **Telefon**-Objekte nach Preis sortiert auf der Standardausgabe anzeigt.

ROULETTE
AUFGABE P.2

Schreiben Sie einen **Iterator**, der nicht auf einer Collection be-ruht und eine (theoretisch unendliche) Folge von Zufallszahlen lie-fert, wie sie beim Roulette (entspricht Werten zwischen 0 und 36) auftreten können.

a) Schreiben Sie dazu eine Klasse **RouletteZahlenIterator**, wel-che die Zahlenfolge ohne Verwendung einer Collection erzeugt.

Die Klasse muss dazu das generische Interface **Iterator<E>** im-plementieren. Die Zahlenfolge soll dann terminieren, wenn zum dritten Mal der Wert 0 geliefert wurde.

b) Gegeben sei die Klasse **RouletteZahlen**:

```java
public class RouletteZahlen
  implements Iterable<Integer>
{
  @Override
  public Iterator<Integer> iterator()
  {
    return new RouletteZahlenIterator();
  }
}
```

Schreiben Sie eine **main**-Methode, in deren Rumpf Sie mit Hilfe der Klasse **RouletteZahlen** und der **for-each**-Schleife eine Folge von Roulette-Zahlen erzeugen und auf der Standardausgabe anzeigen.

c) Wie müsste der Code aus Aufgabe b) lauten, wenn Sie anstelle der **for-each** Schleife explizit die Klasse **RouletteZahlenIterator** (mit einer Schleife) verwenden, um die Folge der Roulette-Zahlen zu erzeugen und auszugeben?

VIERECK

AUFGABE P.3

Hinweis: Verwenden Sie die vorgegebenen Klassen aus dem **viereck**-package im Anhang bzw. laden Sie sich den Code von folgender Materialienseite herunter:

https://sites.google.com/site/steffenheinzl/

a) Modifizieren Sie die Klasse **Punkt** so, dass diese (durch Standardmechanismen) sortierbar wird. Je weiter links ein Punkt im Koordinatensystem ist, desto kleiner ist er. Haben zwei Punkte die gleiche x-Koordinate, so soll der Punkt kleiner sein, der die kleinere y-Koordinate hat. Sind beide Koordinaten gleich, so sind die Punkte gleich.

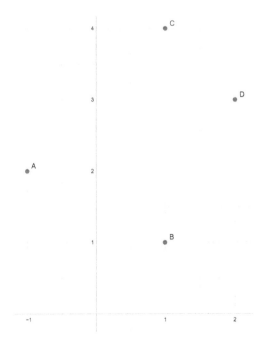

In obenstehendem Bild gilt A < B < C < D.

b) Die Methode **distance** in der Klasse **PunktComparator** berechnet den Abstand eines Punktes zum Ursprung.

Erweitern Sie die Klasse **PunktComparator** so, dass sie durch einen **Comparator** ermöglicht, Punkte nach ihrem Abstand zum Ursprung zu ordnen. Sind zwei Punkte gleich weit vom Ursprung entfernt, so soll der nach Aufgabenteil a) kleinere Punkt als kleinerer Punkt behandelt werden.

c) Schreiben Sie eine Klasse **Viereck**, die im Konstruktor

- mehrere Punkte übergeben bekommt,

- doppelte Punkte entfernt,

- die Punkte von klein nach groß ordnet.

Wenn weniger oder mehr als vier unterschiedliche Punkte übergeben wurden, soll eine **RuntimeException** mit der Fehlermeldung *Keine vier unterschiedlichen Punkte* geworfen werden.

Der Vergleich zwischen den Punkten kann mit der gegebenen **equals**-Methode vorgenommen werden.

Wenn genau vier unterschiedliche Punkte übergeben wurden, sollen diese von klein nach groß geordnet in eine geeignete Datenstruktur übernommen werden.

d) Schreiben Sie einen JUnit-Test, der die vier Punkte aus obigem Bild erzeugt.

Nutzen Sie diese Punkte für die folgenden Testfälle:

- Sie übergeben die Punkte in beliebiger, nicht sortierter Reihenfolge und stellen sicher, dass die Sortierung funktioniert.

- Sie übergeben die Punkte in sortierter Reihenfolge und überprüfen, dass die Sortierung korrekt bleibt.

- Sie übergeben mehr als vier Punkte, aber nur vier davon sind unterschiedlich. Auch hier soll nachher die Sortierung überprüft werden.

- Sie übergeben vier Punkte, aber nur drei davon sind unterschiedlich. Sie überprüfen, dass oben beschriebene Exception korrekt ausgelöst wurde.

ZUFALLSVERWALTUNG

AUFGABE P.4

In einem Kartenspiel am Smartphone wird für die Steuerung der Gegenspieler eine künstliche Intelligenz (KI) eingesetzt. Wenn die KI am Zug ist, bestimmt sie für jede spielbare Karte eine Gewichtung. Die Karte mit der höchsten Gewichtung soll ausgespielt werden. Haben zwei oder mehr Karten die höchste Gewichtung, wird zufällig eine Karte ausgesucht und ausgespielt.

In dem Spiel soll eine Undo-/Rückgängig-Funktion ergänzt werden, die es dem menschlichen Spieler erlaubt, **auch mehrmals** den letzten Zug zurückzunehmen. Wenn der menschliche Spieler nach dem Einsatz der Rückgängig-Funktion erneut die gleiche Karte spielt, soll die KI auch wieder die gleiche Karte verwenden, auch wenn diese zuvor zufällig ausgewählt wurde. Zu diesem Zweck verwaltet das Programm die Zufallszahlen durch folgende Klasse:

```java
public class Zufallsverwaltung {
  Deque<Double> returnedNumbers
    = new ArrayDeque<>();

  public double next() {
    double d = Math.random();
    returnedNumbers.push(d);
    return d;
  }
}
```

Hinweis: Deque ist eine Collection. Bei **Deque** handelt es sich um eine **double ended queue**. Verwenden Sie **Deque** wie einen **Stack**!

Folgend finden Sie einen Auszug aus dem Java-Doc:

Interface Deque<E>

- **E pop()**: Pops an element from the stack represented by this deque.

- **void push(E e)**: Pushes an element onto the stack represented by this deque (in other words, at the head of this deque) if it is possible to do so immediately without violating capacity restrictions, returning **true** upon success and throwing an **IllegalStateException** if no space is currently available.

- **boolean isEmpty()**: Returns **true** if this collection contains no elements.

a) Erweitern Sie das Klasse **Zufallsverwaltung** um eine **undo**-Methode und modifizieren Sie die **next**-Methode, so dass die Methoden wie im Folgenden beschrieben funktionieren:

- Die Methode **undo** erlaubt es, die zuletzt gezogene Zufallszahl *zurückzulegen*, sodass der nächste Aufruf von **next** diese zuletzt zurückgelegte Zufallszahl zurückgibt.

  Wenn **undo** aufgerufen wird, ohne dass es einen Zug gibt, der zurückgenommen werden kann, soll eine **RuntimeException** mit der Fehlermeldung *undo nicht möglich* geworfen werden.

- Die Methode **next** speichert die nächste Zufallszahl in **re-turnedNumbers** und gibt sie zurück. Die nächste Zufallszahl ist – falls vorhanden – die zuletzt zurückgelegte Zahl, ansonsten eine neu bestimmte Zufallszahl.

b) Schreiben Sie einen JUnit-Test mit mehreren Test-Methoden. Vermeiden Sie dabei doppelten Code! Es sollen folgende Fälle abgedeckt werden:

- Ziehen, zurücklegen, ziehen, zurücklegen, ziehen.

  Der Test gelingt, wenn beim zweiten und dritten Ziehen die richtigen Zahlen gezogen wurden und verwendete Collections am Ende des Tests entsprechend leer/nicht leer sind.

- Ausführung der **undo**-Funktion ohne zuvor gezogene Zufalls-zahl. Der Test gelingt, wenn eine `RuntimeException` mit der Fehlermeldung *undo nicht möglich* ausgelöst wird.

VIDEO-STREAMING-PLATTFORM
AUFGABE P.5

Hinweis: Verwenden Sie die vorgegebenen Klassen aus dem **movies**-package im Anhang bzw. laden Sie sich den Code von folgender Materialienseite herunter:

https://sites.google.com/site/steffenheinzl/

Sie wollen eine Video-Streaming-Plattform anbieten. In der Oberfläche des Nutzers sollen diesem die Filme mit den höchsten Ratings angezeigt werden.

a) Erweitern Sie die Klasse **Movie** so, dass **Movie**-Objekte in einer Liste (durch Standardmechanismen) sortiert werden können.

   Der Film mit dem höchsten Rating soll nach einer Sortierung als erstes in der Liste erscheinen. Bei gleichem Rating zweier Filme soll der Film, der weiter vorne im Alphabet erscheint vor dem anderen in der Liste auftauchen.

b) Die Klasse verfügt derzeit über eine **main**-Methode, die zum Testen verwendet wird. Nach Ausführung der **main**-Methode überprüft der Entwickler manuell die Sortierung der Liste.

c) Schreiben Sie einen automatisierten JUnit-Test mit den Testdaten der **main**-Methode, der überprüft, ob die Liste richtig sortiert wurde.

d) Die Oberfläche der Video-Streaming-Plattform verfügt über eine sogenannte Watchlist, auf der der Nutzer Filme markieren kann, um sie später anzusehen.

   Erweitern Sie die Klasse **Watchlist** um zwei Methoden:

- eine Schreibemethode, die es erlaubt, eine **Watchlist** bzw. die Filme auf der **Watchlist** in eine Datei zu schreiben. Wählen Sie dazu einen geeigneten **OutputStream/Writer** Ihrer Wahl!

- eine Lesemethode, die es erlaubt, die **Watchlist** bzw. die Filme auf der **Watchlist** wieder aus der Datei zu lesen.

Propagieren Sie auftretende Exceptions!

Aufgabe P.6

a) Sie sollen für eine Hochschule ein Raumbelegungssystem implementieren.

Es soll eine Klasse **Raum** geben, die über eine **betrete**-Methode verfügt, welche sicherstellt, dass immer nur ein **Dozent** in einem Raum ist. Wenn sich bereits ein **Dozent** im **Raum** befindet, soll eine **RuntimeException** mit der Meldung *Raum bereits belegt* ausgelöst werden.

Als Dozenten kommen **Tutor**, **Lehrbeauftragter**, **Professor** und **Fachoberlehrer** in Frage, die alle über unterschiedliche Attribute verfügen können sollen.

Implementieren Sie die Klasse **Raum** inklusive der Methode **betrete** und erstellen Sie eine Minimalimplementierung für die Klassen **Dozent**, **Tutor**, **Lehrbeauftragter**, **Professor** und **Fachoberlehrer**. Legen Sie dabei für jede Klasse einfach ein Gehalt bzw. Stundensatz fest!

b) Sie wollen das Raumbelegungssystem an ein Abrechnungssystem anschließen. Das Abrechnungssystem unterscheidet Mitarbeiter, die jeden Monat ein Festgehalt bekommen und Mitarbeiter, die jeden Monat nach der Anzahl der gearbeiteten Stunden und einem Stundenlohn abgerechnet werden.

c) Das Abrechnungssystem kann mit Klassen umgehen, die folgenden Interfaces genügen:

```
public interface MonatsweiseAbrechenbar
{
  public int getFestgehalt();
```

```
}

public interface StundenweiseAbrechenbar
{
  public int getAnzahlStunden();
  public int getEuroProStunde();
}
```

Lehrbeauftragte und Tutoren sollen stundenweise abgerechnet werden.

Professoren und Fachoberlehrer sollen mit einem Festgehalt abgerechnet werden.

Ergänzen Sie die Klassen aus Aufgabenteil a) so, dass das Abrechnungssystem eine Berechnung anstellen kann.

AUTOHAUS

AUFGABE P.7

Bei einem Autohaus gibt es drei verschiedene Arten eines Kaufes:

- per Ratenzahlung

- per Komplettkauf

- per Leasingfinanzierung.

Bei allen drei Kaufarten soll der fällige Gesamtbetrag berechnet werden können.

Dazu ist folgendes Interface vorgegeben:

```
public interface Kauf
{
    public double berechneFaelligenGesamtbetrag();
}
```

a) Bei einem Komplettkauf gibt es einen Kaufpreis und ein Fälligkeitsdatum, das festlegt, wann der Kaufpreis bezahlt werden muss.

Der fällige Gesamtbetrag entspricht beim Komplettkauf dem Kaufpreis.

Ein **Komplettkauf**-Objekt soll wie in folgendem Beispiel erstellt werden können:

```
/*Kaufpreis 36000 EUR, fällig am 25.11.2018*/
Komplettkauf k
    = new Komplettkauf(36000, "25.11.2018");
```

Weiterhin soll die Klasse **Komplettkauf** die Methode **toString** überschreiben, so dass sie für obiges Beispiel folgenden Text zurückgibt:

```
Der Betrag 36000 EUR ist am 25.11.2018 fällig.
```

Implementieren Sie die Klasse **Komplettkauf**!

b) Beim Anlegen einer Ratenzahlung wird der Kaufpreis sowie die Anzahl der Raten (d. h. über wie viele Monate der Kaufpreis abbezahlt wird) festgelegt.

Daraus soll die Höhe der Monatsrate in der Klasse **Ratenzahlung** berechnet und gespeichert werden.

Der fällige Gesamtbetrag berechnet sich aus der Anzahl der Monatsraten multipliziert mit der Höhe der einzelnen Rate. Zusätzlich wird für jede Rate ein Aufschlag von 4% verlangt.

Ein **Ratenzahlung**-Objekt soll wie in folgendem Beispiel erstellt werden können:

```
//36000 EUR Kaufpreis, aufgeteilt auf 36 Monate
Ratenzahlung r = new Ratenzahlung(36000, 36);
```

Weiterhin soll die Klasse **Ratenzahlung** die Methode **toString** überschreiben, so dass sie für obiges Beispiel folgenden Text zurückgibt:

```
Es sind 36 Raten zu je 1040 EUR fällig. Beginn
der Zahlung ist der nächste Monatserste.
```

Zum Abschluss soll es eine **getter**-Methode für die Höhe der Monatsrate geben.

Implementieren Sie die Klasse **Ratenzahlung**!

c) Eine Leasingfinanzierung ist eine Mischung aus Ratenzahlung und Komplettkauf.

50% des Kaufpreises werden per Ratenzahlung bezahlt, 50% des Kaufpreises am Fälligkeitstag.

Bei der Erstellung des **Leasingfinanzierung**-Objekts wird diesem der Kaufpreis, der Leasingzeitraum und das Fälligkeitsdatum mitgegeben.

Ein **Leasingfinanzierung**-Objekt soll wie in folgendem Beispiel erstellt werden können:

```
/*36000 EUR Kaufpreis, erste Hälfte des
  Kaufpreises aufgeteilt auf 36 Monate,
  Fälligkeit der zweiten Hälfte des
  Kaufpreises am 1.7.2021*/

Leasingfinanzierung l
  = new Leasingfinanzierung(36000,
  36, "01.07.2021");
```

Der fällige Gesamtbetrag bei der Leasingfinanzierung ist die Summe der beiden fälligen Gesamtbeträge der Ratenzahlung und des Komplettkaufs.

Weiterhin soll die Klasse **Leasingfinanzierung** die Methode **toString** überschreiben, so dass sie die Ergebnisse von den **toString**-Methoden von **Ratenzahlung** und **Komplettkauf** kombiniert und zurückgibt:

```
Es sind 36.0 Raten zu je 520.0 EUR fällig. Beginn
der Zahlung ist der nächste Monatserste.
Der Betrag 18000.0 ist am 01.07.2021 fällig.
```

Zum Abschluss soll es eine **getter**-Methode für die Höhe der Monatsrate geben.

Implementieren Sie die Klasse Leasingfinanzierung! Verwenden Sie bei der Implementierung eine sinnvolle Technik zur Codewiederverwendung!

d) Das Autohaus möchte, dass Sie eine Möglichkeit zur Verfügung stellen, damit in Zukunft, eine Methode geschrieben werden kann, die bestimmt, wie hoch die monatlichen Rateneinkünfte aus Käufen sind, die über monatliche Raten verfügen. Dies umfasst momentan Ratenzahlungen und Leasingfinanzierungen.

Das Autohaus möchte zusätzlich in Zukunft das Sortiment um weitere Kaufarten erweitern können, die teilweise auf Raten basieren.

Wie würden Sie Ihr Programm erweitern, um eine solche Methode zu ermöglichen?

Skizzieren Sie kurz den Quellcode/die Quellcodeänderungen!

DTOs
AUFGABE P.8

Data Transfer Objects (DTOs) werden häufig im Kontext von Enterprise Applications verwendet. Ein Data Transfer Object umfasst nur die Attribute eines Objekts, die über das Netzwerk übertragen werden. Gelegentlich werden Daten verschiedener Objekte zusammengelegt, um die Anzahl der API-Abrufe durch Clients zu minimieren.

Von einem API eines Online-Shops kann ein Kunde in **einem** Abruf seine Kundendaten abrufen. Die Kundendaten werden durch die Klasse **Kunde** repräsentiert:

```
public class Kunde
{
    String nachname;
    String vorname;
    List<String> bestellIDs;
}
```

In einem weiteren Abruf ruft der Kunde alle seine Bestellungen anhand seiner **bestellIDs** ab. Eine Bestellung wird durch die Klasse **Bestellung** repräsentiert.

```
public class Bestellung
{
    List<Artikel> artikel;
    String bestellID;
    Date bestelldatum;
    int betrag;
}
```

Da Kunden dieses Online-Shops fast immer beide Abrufe tätigen, sollen die Abrufe in Zukunft zu einem Abruf zusammengelegt werden.

a) Implementieren Sie eine Klasse **KundeDTO** mit geeigneten Attributen, die die Daten beider Abrufe sinnvoll zusammenlegt. Verwenden Sie eine geeignete Technik der Code-Wiederverwendung!

b) Ein Kunde kann im Online-Shop mehrere Bestellungen anklicken, zu denen er Details sehen möchte.

Ergänzen Sie die Klasse **KundeDTO** um eine Methode, die eine Liste von **bestellIDs** und eine Liste von **Bestellung**-Objekten entgegennimmt. Die Methode soll alle Bestellungen zurückgeben, deren ID in den **bestellIDs** auftaucht.

c) Implementieren Sie das Enum **Geschlecht**, das die Geschlechter *männlich*, *weiblich* und *divers* abbildet und erweitern Sie den Kunden um ein Geschlecht. Mussten Sie Ihre Klasse **KundeDTO** anpassen?

CYBORG-ITERATOR
AUFGABE P.9

Aus einer vergangenen Übung kennen Sie bereits einen Cyborg, der sowohl Mensch als auch Roboter ist. Die Tätigkeiten, die ein Cyborg ausführen kann, sind in dem Aufzählungstyp **Taetigkeit** hinterlegt.

```
public enum Taetigkeit
{
  ESSEN, SCHLAFEN, ARBEITEN,
  AUTOFAHREN, SERVICE, AUFLADEN
}
```

Implementieren Sie einen **Iterator**, der **nicht** auf einer Collection beruht und eine (theoretisch unendliche) zufällige Folge von Tätigkeiten liefert, wie sie der **Cyborg** ausführen kann.

a) Schreiben Sie dazu eine Klasse **CyborgTaetigkeitenIterator**, welche die Tätigkeiten zufällig ohne Verwendung einer Collection erzeugt.

   Die Klasse muss dazu das generische Interface **Iterator<E>** implementieren. Der **Iterator** soll dann terminieren (d. h. keine weiteren Werte liefern), wenn zum dritten Mal die Tätigkeit **SERVICE** zurückgegeben wurde.

b) Schreiben Sie eine Klasse **CyborgTaetigkeiten**, die das **Iterable<T>**-Interface implementiert.

c) Schreiben Sie eine **main**-Methode, in welcher Sie mit Hilfe der Klasse **CyborgTaetigkeiten** und einer Schleife eine Folge von Cyborg-Tätigkeiten erzeugen, bis der **Iterator** terminiert.

Im Rumpf der Schleife soll die jeweilige Tätigkeit des Cyborgs auf der Standardausgabe angezeigt werden.

d) Gegeben ist folgendes Interface...

```
public interface CyborgRandomNumber
{
    public int nextRandomNumber(int upTo);
}
```

...und folgende Implementierung des Interface:

```
public class CyborgProductionRandomNumber
    implements CyborgRandomNumber
{
    @Override
    public int nextRandomNumber(int upTo)
    {
        return (int) (Math.random() * upTo);
    }
}
```

Modifizieren Sie Ihre **CyborgTaetigkeiten**-Klasse dahingehend, dass sie bei der Erstellung eine **CyborgRandomNumber**-Implementierung übergeben bekommen kann.

Diese Implementierung soll der Cyborg bei der Bestimmung der nächsten Tätigkeit nutzen.

e) Erweitern Sie Ihr Programm so, dass zusätzlich ein JUnit-Test den **Iterator** mit einer reproduzierbaren Folge von Zahlen (d. h. deterministisch) testen kann.

f) Schreiben Sie einen solchen JUnit-Test.

TWOTTER 1
AUFGABE P.10

Sie treten eine Stelle in einer neuen Firma an, die den neuartigen Dienst *Twotter* anbieten will. Nach ersten Diskussionen über den Innovationsgrad des Dienstes beginnen Sie mit der Implementierung und erhalten folgende Aufgaben:

Der Benutzer (User) soll sich beim Dienst anmelden können. Die Daten aller User sollen auf der Festplatte in der Datei *user.dat* zwischengespeichert werden können.

a) Implementieren Sie eine serialisierbare Klasse **User** mit den Anmeldeinformationen Benutzername und Passwort. Das Attribut Benutzername soll nach der Erzeugung des Objekts nicht mehr verändert werden können.

b) Schreiben Sie eine Klasse **UserManager** zum Serialisieren und Deserialisieren von Objekten des Typs User. Fangen Sie dabei auftretende Exceptions innerhalb der Methoden und propagieren Sie diese als **RuntimeException**. **UserManager** soll dem folgendem Interface genügen:

```
public interface ObjectManager<T>
{
  public void serialize(List <T> object);
  public List<T> deserialize();
}
```

c) Schreiben Sie eine **main**-Methode und zeigen Sie an einem sinnvollen Beispiel, wie eine Liste von **User**-Objekten mit Hilfe von **UserManager** geschrieben werden kann.

TWOTTER 2
AUFGABE P.11

Hinweis: Diese Aufgabe baut auf der vorherigen auf.

Verwenden Sie für diese Aufgabe die vorgegebenen Klassen aus dem **twotter**-package im Anhang bzw. laden Sie sich den Code von folgender Materialienseite herunter:

https://sites.google.com/site/steffenheinzl/

Nachdem die Benutzer sich am Twotter-System angemeldet haben, können diese (mehrere) Messages verfassen. Jede Nachricht enthält maximal 140 Zeichen.

Die Klasse **Twotter** zeigt, wie die Klasse **TwotterSystem**, die Sie im Folgenden implementieren, verwendet werden soll:

```java
public class Twotter
{
  public static void main(String[] args)
  {
    TwotterSystem system = new TwotterSystem();
    User u = new User("joe", "joeRus!");
    system.addMessage(u,
      new Message("Hello World!"));
    List<Message> a = system.getAllMessages();
    List<Message> m =
      system.getAllMessagesFromDate(
      "2019-05-31");
    List<Message> d =
      system.getAllMessagesFromUser(u);
  }
}
```

a) Erstellen Sie die Klasse **TwotterSystem**. Die Klasse **TwotterSystem** verwaltet mehrere Benutzer. Jedem Benutzer sollen wiederum mehrere Nachrichten zugeordnet werden können. Nutzen Sie eine passende Datenstruktur.

b) Ergänzen Sie die Klasse **TwotterSystem** um die Methode **addMessage**, die es erlaubt einem **User** im System eine **Message** hinzuzufügen.

c) Das **TwotterSystem** erlaubt es Folgendes abzufragen,

   • alle Nachrichten (**getAllMessages**),

   • alle Nachrichten eines bestimmten Benutzers (**getAllMessagesFromUser**)

   • alle Nachrichten des Systems von einem bestimmten Tag (**getAllMessagesFromDate**).

   Implementieren Sie diese Methoden und leiten Sie die Methodensignatur aus dem obigen Code-Beispiel ab.

d) Implementieren Sie die Methoden **getAllMessages** und **getAllMessagesFromDate** mit Hilfe von Lambda-Ausdrücken und dem Stream-API. Die Methode **flatMap** ist in dieser Aufgabe hilfreich.

ANHANG

Im Anhang finden Sie den Quellcode und die Dateien, auf die einige der Aufgaben in diesem Buch aufbauen. Zur einfacheren Verwendung stehen diese auch als Download unter folgender URL bereit:

https://sites.google.com/site/steffenheinzl/

POM.XML

DATEIINHALT ZU AUFGABE 14.1

```xml
<?xml version="1.0" encoding="UTF-8"?>
<project xmlns="http://maven.apache.org/POM/4.0.0"
 xmlns:xsi="http://www.w3.org/2001/XMLSchema-instance"
 xsi:schemaLocation="http://maven.apache.org/POM/4.0.0
http://maven.apache.org/xsd/maven-4.0.0.xsd">
  <modelVersion>4.0.0</modelVersion>

  <groupId>de.fhws</groupId>
  <artifactId>prog2buch</artifactId>
  <version>1</version>
  <packaging>jar</packaging>

  <build>
    <plugins>
      <plugin>
        <groupId>org.apache.maven.plugins</groupId>
        <artifactId>maven-compiler-plugin</artifactId>
        <version>3.1</version>
        <configuration>
          <source>13</source>
          <target>13</target>
        </configuration>
      </plugin>
    </plugins>
  </build>
  <dependencies>
    <dependency>
      <groupId>org.junit.jupiter</groupId>
      <artifactId>junit-jupiter-api</artifactId>
      <version>5.6.1</version>
      <scope>test</scope>
    </dependency>
    <dependency>
      <groupId>org.junit.jupiter</groupId>
      <artifactId>junit-jupiter-engine</artifactId>
      <version>5.6.1</version>
      <scope>test</scope>
    </dependency>
  </dependencies>
```

144

```
</project>
```

SOURCE CODE ZU AUFGABE 16.1

```java
public interface Figur
{
  public Brett gibErlaubteFelder();
}

public abstract
class AbstractFigur implements Figur
{
  int x;
  int y;

  public AbstractFigur(int x, int y)
  {
    setX(x);
    setY(y);
  }

  public int getX()
  {
    return x;
  }

  public final void setX(int x)
  {
    if (x >= 1 && x <= 8)
      this.x = x;
  }

  public int getY()
  {
    return y;
  }
```

```java
  public void setY(int y)
  {
    if (y >= 1 && y <= 8)
      this.y = y;
  }
}

public interface Laeufer extends Figur
{
}

public class LaeuferImpl extends AbstractFigur
  implements Laeufer
{
  public LaeuferImpl(int x, int y)
  {
    super(x, y);
  }

  public Brett gibErlaubteFelder()
  {
    Brett brett = new Brett();
    /*TODO: a) Ergänzen Sie hier den
      Algorithmus zur Bestimmung der Felder */
    return brett;
  }

  public static void main(String[] args)
  {
    LaeuferImpl l = new LaeuferImpl(4,5);
    Brett brett = l.gibErlaubteFelder();
    for (int j = 1; j <= 8; j++)
    {
      for (int i = 1; i <= 8; i++)
      {
        if (brett.gibFeld(i, j))
```

```java
                System.out.print("x");
            else
                System.out.print("o");
        }
        System.out.println();
    }
  }
}

public interface Turm extends Figur
{
}

public class TurmImpl extends AbstractFigur
  implements Turm
{
  public TurmImpl(int x, int y)
  {
    super(x, y);
  }

  public Brett gibErlaubteFelder()
  {
    Brett brett = new Brett();
    for (int i = 1; i <= 8; i++)
    {
      brett.markiereFeld(i, y);
      brett.markiereFeld(x, i);
    }
    return brett;
  }

  public static void main(String[] args)
  {
    TurmImpl turm = new TurmImpl(4,5);
    Brett brett = turm.gibErlaubteFelder();
    for (int j = 1; j <= 8; j++)
```

```
    {
      for (int i = 1; i <= 8; i++)
      {
        if (brett.gibFeld(i, j))
          System.out.print("x");
        else
          System.out.print("o");
      }
      System.out.println();
    }
  }
}

public class Dame extends AbstractFigur
  implements Laeufer, Turm
{
  Laeufer laeufer;
  Turm turm;

  public Dame(int x, int y)
  {
    super(x, y);
    laeufer = new LaeuferImpl(x, y);
    turm = new TurmImpl(x, y);
  }

  @Override
  public Brett gibErlaubteFelder()
  {
    Brett brettLaeufer =
      laeufer.gibErlaubteFelder();
    Brett brettTurm = turm.gibErlaubteFelder();
    Brett kombiniertesBrett =
      brettTurm.kombiniere(brettLaeufer);
    return kombiniertesBrett;
  }
}
```

```java
public class Brett
{
  boolean[][] brett = new boolean[8][8];

  public Brett()
  {
  }

  public void markiereFeld(int x, int y)
  {
    brett[x-1][y-1] = true;
  }

  public boolean gibFeld(int x, int y)
  {
    return brett[x-1][y-1];
  }

  public Brett kombiniere(Brett anderes)
  {
    /*TODO: b) Implementieren Sie
          die Methode kombiniere */
  }
}
```

```java
public interface ChangeCalculator
{
  /*Mit Hilfe des Rueckgabewerts der nachfol-
genden Methode wird der Muenzausgabemechanismus
des Automaten gesteuert. An der Stelle 0 des Ar-
rays steht, wie viele 1-Cent-Muenzen ausgegeben
werden sollen, an der Stelle 1, wie viele 2-Cent-
Muenzen usw. bis zu den 2-Euro-Muenzen an der
Stelle 7.

   Die zurueckgegebenen Muenzen muessen genau
dem Wert entsprechen der als Parameter uebergeben
wird. Im Gegenzug sichert der Aufrufer zu, dass
keine negativen Werte uebergeben werden und der
Cent-Parameter keinen Wert > 99 annimmt.
   */

  public int[] getChange(int euros, int cent);
}

/**
 * enum Coin erweitert um einen Konstruktor
 * und ein Attribut
 */
public enum Coin
{
  CENT_1(1), CENT_2(2), CENT_5(5),
  CENT_10(10), CENT_20(20), CENT_50(50),
  EURO_1(100), EURO_2(200);

  int value;
```

```java
  Coin(int value)
  {
    this.value = value;
  }
}


/* Die nachfolgende Klasse beinhaltet einen sehr
einfachen Algorithmus zur Ermittlung des Wech-
selgelds: Es wird der gesamte Betrag in 1-Cent-
Muenzen ausgegeben. */
public class SimpleChangeCalculator
  implements ChangeCalculator
{
  public int[] getChange(int euros, int cent)
  {
    return new int[] {
      euros * 100 + cent, //alles in 1-Cent-Muen-
zen
      0, // keine 2-Cent-Muenzen
      0, // keine 5-Cent-Muenzen
      0, // keine 10-Cent-Muenzen
      0, // keine 20-Cent-Muenzen
      0, // keine 50-Cent-Muenzen
      0, // keine 1-Euro-Muenzen
      0  // keine 2-Euro-Muenzen
    };
  }
}
```

MatrNr.txt
Dateiinhalt zu Aufgabe 18.1

```
5114076
5014043
5014016
6114007
6114023
```

TOUPPERCASEWRITER-PACKAGE

SOURCE CODE ZU AUFGABE 18.3

```java
public abstract class DecoratorWriter
  extends Writer
{
  protected Writer writer;

  @Override
  public abstract void write(char[] cbuf,
    int off, int len) throws IOException;

  @Override
  public abstract void flush()
    throws IOException;

  @Override
  public abstract void close()
    throws IOException;
}

public class ToUpperCaseWriter
  extends DecoratorWriter
{
  public ToUpperCaseWriter(Writer writer)
  {
    this.writer = writer;
  }

  public void write(char c) throws IOException
  {
    writer.write(Character.toUpperCase(c));
  }
```

```java
  public void write(char[] cbuf, int off,
    int len) throws IOException
  {
    for (int i = off; i < off + len; i++)
      write(cbuf[i]);
  }

  public void write(String str)
    throws IOException
  {
    write(str, 0, str.length());
  }

  public void write(String str, int off, int len)
    throws IOException
  {
    for (int i = off; i < off + len; i++)
      write(str.charAt(i));
  }

  public void flush() throws IOException
  {
    writer.flush();
  }

  public void close() throws IOException
  {
    writer.close();
  }
}

public class ToUpperCaseWriterTest
{
  ToUpperCaseWriter writer;
  ByteArrayOutputStream baos;

  @BeforeEach
```

```java
public void prepareTest()
{
  baos = new ByteArrayOutputStream();
  OutputStreamWriter osw =
    new OutputStreamWriter(baos);
  writer = new ToUpperCaseWriter(osw);
}

@Test
public void writeCharTest()
{
  try
  {
    writer.write('a');
    writer.flush();
    String uppercase = baos.toString();
    assertEquals(uppercase, "A");
    writer.close();
  }
  catch (IOException e)
  {
    fail("IOException" + e.getMessage());
  }
}

@Test
public void writeCharTestWithNonChar()
{
  try
  {
    writer.write('1');
    writer.flush();
    String uppercase = baos.toString();
    assertEquals(uppercase, "1");
    writer.close();
  }
  catch (IOException e)
```

```java
    {
      fail("IOException" + e.getMessage());
    }
  }

  @AfterEach
  public void cleanUp()
  {
    try
    {
      writer.close();
    }
    catch (IOException e)
    {
      fail("IOException" + e.getMessage());
    }
  }
}
```

GZIP-PACKAGE

SOURCE CODE ZU AUFGABE 18.4

```java
import java.io.BufferedReader;
import java.io.IOException;
import java.io.InputStream;
import java.io.InputStreamReader;
import java.net.ServerSocket;
import java.net.Socket;
import java.util.zip.GZIPInputStream;

public class GZIPSocketInput
{
  public static void main(String[] args)
    throws IOException
  {
    ServerSocket ss = new ServerSocket(5555);
    Socket connection = ss.accept();
    InputStream is = connection.getInputStream();
    GZIPInputStream gin
      = new GZIPInputStream(is);
    InputStreamReader reader
      = new InputStreamReader(gin);
    BufferedReader in
      = new BufferedReader(reader);
    String line = in.readLine();
    System.out.println(line);
    ss.close();
  }
}

import java.io.IOException;
import java.io.OutputStream;
import java.net.Socket;
import java.util.zip.GZIPOutputStream;
```

```java
public class GZIPSocketOutput
{
  public static void main(String[] args)
    throws IOException
  {
    byte[] bytesToTransfer
      = "Hallo Welt".getBytes();
    Socket connectionToHost
      = new Socket("localhost", 5555);
    OutputStream os
      = connectionToHost.getOutputStream();



  }
}
```

DICTIONARY-PACKAGE
SOURCE CODE ZU AUFGABE 20.3

```java
public class Vokabeltrainer
{
  Map<String, String> english2German =
    new HashMap<>();
  String wordToGuess;

  public void addToDictionary(
    String englishWord, String germanWord)
  {
    english2German.put(englishWord, germanWord);
  }

  public void createRandomWordToGuess()
  {
    Set<String> keySet = english2German.keySet();
    int randomIndex
      = (int)(Math.random()*keySet.size());
    Iterator<String> iterator
      = keySet.iterator();
    int i = 0;
    while(iterator.hasNext())
    {
      String word = iterator.next();
      if (i == randomIndex)
      {
        wordToGuess = word;
        return;
      }
      i++;
    }
    throw new RuntimeException(
      "error creating random word");
```

```java
}

public String getWordToGuess()
{
  return wordToGuess;
}

public boolean guess(String guess)
{
  String solution
    = english2German.get(wordToGuess);
  if (guess.equals(solution))
    return true;
  return false;
}

public static void main(String[] args)
{
  Vokabeltrainer guessingGame
    = new Vokabeltrainer();
  guessingGame.addToDictionary(
    "to clean", "reinigen");
  guessingGame.addToDictionary(
    "to expand", "vergrößern");
  guessingGame.createRandomWordToGuess();
  System.out.println(guessingGame.wordToGuess);

  Scanner scanner = new Scanner(System.in);

  System.out.println("Was heißt \"" +
    guessingGame.getWordToGuess() +
    "\" auf Deutsch?");
  String guess = scanner.nextLine();
  boolean correct = guessingGame.guess(guess);
  if (correct)
    System.out.println("Korrekt!");
  else
```

```java
        System.out.println("Leider falsch!");
        scanner.close();
    }
}
```

ZEICHENKONTAKTE.TXT

DATEIINHALT ZU AUFGABE 20.4

```
FAKULTAETFIW
PIZZARUS
GL00M
FR?ST
STADTVERWALTUNG
```

WEBCLIENT-PACKAGE POM.XML

DATEIINHALT ZU AUFGABE 21.2

```xml
<?xml version="1.0" encoding="UTF-8"?>
<project xmlns="http://maven.apache.org/POM/4.0.0"
 xmlns:xsi="http://www.w3.org/2001/XMLSchema-instance"
 xsi:schemaLocation="http://maven.apache.org/POM/4.0.0
http://maven.apache.org/xsd/maven-4.0.0.xsd">
  <modelVersion>4.0.0</modelVersion>

  <groupId>prog2</groupId>
  <artifactId>jerseyclient</artifactId>
  <version>0.0.1-SNAPSHOT</version>
  <packaging>jar</packaging>

  <build>
    <plugins>
      <plugin>
        <groupId>org.apache.maven.plugins</groupId>
        <artifactId>maven-compiler-plugin</artifactId>
        <version>3.1</version>
        <configuration>
          <source>13</source>
          <target>13</target>
        </configuration>
      </plugin>
    </plugins>
  </build>

  <dependencies>
    <dependency>
      <groupId>org.junit.jupiter</groupId>
      <artifactId>junit-jupiter-api</artifactId>
      <version>5.6.1</version>
      <scope>test</scope>
    </dependency>
    <dependency>
      <groupId>org.junit.jupiter</groupId>
```

```xml
      <artifactId>junit-jupiter-engine</artifactId>
      <version>5.6.1</version>
      <scope>test</scope>
    </dependency>
    <dependency>
      <groupId>org.glassfish.jersey.core</groupId>
      <artifactId>jersey-client</artifactId>
      <version>2.30</version>
    </dependency>
    <dependency>
      <groupId>org.glassfish.jersey.inject</groupId>
      <artifactId>jersey-hk2</artifactId>
      <version>2.30</version>
    </dependency>
    <!-- Ab Java 9: -->
    <dependency>
      <groupId>javax.activation</groupId>
      <artifactId>javax.activation-api</artifactId>
      <version>1.2.0</version>
    </dependency>
  </dependencies>
</project>
```

WEBCLIENT-PACKAGE

SOURCE CODE ZU AUFGABE 21.2

```java
public class MyJerseyClient
{
  public static void download()
  {
    Response response = ClientBuilder.newClient()
      .target("https://en.wikipedia.org/")
      .path("wiki/Fluent_interface")
      .request(MediaType.TEXT_HTML)
      .get();
    String s = response.readEntity(String.class);
    System.out.println(s);
  }

  public static void main(String[] args)
  {
    download();
  }
}
```

SOURCE CODE ZU AUFGABE 21.4

```java
public class Exam
{
  String createHeader()
  {
    String header =
      "\\documentclass[10pt,a4paper]{article}\n"
    + "\\usepackage[lmargin=2.5cm, "
    + "rmargin=2.5cm]{geometry}\n"
    + "\\usepackage[utf8]{inputenc}\n\n\n"
    + "\\begin{document}\n";
    return header;
  }

  String createDocumentEnd()
  {
    return "\\end{document}";
  }


  List<Question> questions = new ArrayList<>();

  public void readQuestions() throws IOException
  {
    //TODO
  }

  public void writeTexQuiz() throws IOException
  {
    //TODO
  }

  public static void main(String[] args)
```

```java
      throws IOException
   {
      Exam e = new Exam();
      e.readQuestions();
      e.writeTexQuiz();
   }
}

public class Question {

   public String text;

   public Question(String text)
   {
      this.text = text;
   }

   public String toTexQuestion()
   {
      //TODO
      return null;
   }
}
```

EXAM-PACKAGE QUESTIONS.TXT
DATEIINHALT ZU AUFGABE 21.4

```
Was besagt das Substitutionsprinzip?
Inwiefern verletzt Vererbung die Kapselung, die
eine Klasse bietet?
```

PRIMZAHL-PACKAGE

SOURCE CODE ZU AUFGABE 22.2

```java
public class PrimzahlThread extends Thread
{
  int zahlZumTesten;
  String ergebnis = null;

  public PrimzahlThread(int zahlZumTesten)
  {
    this.zahlZumTesten = zahlZumTesten;
  }

  public boolean testeObPrimzahl()
  {
    if (zahlZumTesten < 2) return false;
    for (int d = 2; d < zahlZumTesten; d++)
      if (zahlZumTesten % d == 0)
        return false;
    return true;
  }

  @Override
  public void run()
  {
    boolean istPrimzahl = testeObPrimzahl();
    ergebnis = zahlZumTesten + " ist "
      + (istPrimzahl ? "eine " : "keine ")
      + "Primzahl.";
  }

  public static void main(String[] args)
  {
    PrimzahlThread pt1 =
      new PrimzahlThread(341);
```

```
      pt1.start();

      PrimzahlThread pt2
        = new PrimzahlThread(633910099);
      pt2.start();

      try
      {
        pt1.join();
        pt2.join();

        System.out.println(pt1.ergebnis);
        System.out.println(pt2.ergebnis);
      }
      catch (InterruptedException e)
      {
        e.printStackTrace();
      }
    }
}
```

VISITOR-PACKAGE
SOURCE CODE ZU AUFGABE 22.5

```
package visitor;

import visitor.Baum.Knoten;

public interface Visitor<T>
{
  public void visit(Knoten<T> current);
}

package visitor;

public class Baum<E extends Comparable<E>>
{
  public static class Knoten<E>
  {
    Knoten<E> left;
    Knoten<E> right;
    E content;

    private Knoten(E content)
    {
      this.content = content;
    }

    public String toString()
    {
      return "" + content;
    }
  }

  Knoten<E> root;
```

```java
public void einfuegen(E content)
{
  Knoten<E> k = new Knoten<E>(content);
  if (root == null) root = k;
  else einfuegen(root, k);
}

protected void einfuegen(Knoten<E> k)
{
  if (root == null) root = k;
  else einfuegen(root, k);
}

protected void einfuegen(
  Knoten<E> temp, Knoten<E> k)
{
  if (k.content.compareTo(temp.content) < 0)
  {
    if (temp.left == null) temp.left = k;
    else einfuegen(temp.left, k);
  }
  else
  {
    if (temp.right == null) temp.right = k;
    else einfuegen(temp.right, k);
  }
}

public void ausgabe()
{
  if (root != null) ausgabe(root);
}

protected void ausgabe(Knoten<E> current)
{
  if (current.left != null)
    ausgabe(current.left);
```

```java
      System.out.println(current.content);
      if (current.right != null)
        ausgabe(current.right);
  }

  protected void traversiere(Visitor<E> visitor)
  {
    if (root == null) return;
    else traversiere(root, visitor);
  }

  protected void traversiere(
    Knoten<E> current, Visitor<E> visitor)
  {
    if (current.left != null)
      traversiere(current.left, visitor);
    visitor.visit(current);
    if (current.right != null)
      traversiere(current.right, visitor);
  }
}

package visitor;

public class BaumMain
{
  public static void main(String[] args)
  {
    Baum<String> baum = new Baum<>();
    baum.einfuegen("Cool");
    baum.einfuegen("Zylla");
    baum.einfuegen("Aaronson");
    baum.einfuegen("Garrett");
    baum.einfuegen("Spence");
    baum.einfuegen("Wilson");
    baum.einfuegen("Taggert");
    baum.einfuegen("Beta");
```

```
      baum.einfuegen("Epsilon");
      baum.einfuegen("Delta");
      baum.einfuegen("My");
      baum.einfuegen("Ny");
      baum.einfuegen("Ulla");

      baum.ausgabe();
   }
}
```

SOURCE CODE ZU AUFGABE 23.1

```java
public class Mannschaft
  implements Comparable<Mannschaft>
{
  String name;
  int anzahlGespielteSpiele;
  int tore;
  int gegentore;
  int punkte;

  public Mannschaft(String name,
    int anzahlGespielteSpiele, int tore,
    int gegentore, int punkte)
  {
    this.name = name;
    this.anzahlGespielteSpiele =
      anzahlGespielteSpiele;
    this.tore = tore;
    this.gegentore = gegentore;
    this.punkte = punkte;
  }

  @Override
  public String toString()
  {
    return String.format("%14s %3s %7s %3s",
      name, anzahlGespielteSpiele, tore
      + ":" + gegentore, punkte);
  }

  @Override
  public int compareTo(Mannschaft m)
  {
```

```java
    if (this.punkte < m.punkte) return 1;
    else if (this.punkte > m.punkte) return -1;
    else
    {
      if (this.tore - this.gegentore
        < m.tore - m.gegentore) return 1;
      else if (this.tore - this.gegentore
        > m.tore - m.gegentore) return -1;
    }
    return this.name.compareTo(m.name);
}

public static List<Mannschaft> createTabelle()
{
  List<Mannschaft> tabelle =
    new ArrayList<Mannschaft>(18);
  tabelle.add(new Mannschaft(
    "Bay.München", 32, 75, 15, 82));
  tabelle.add(new Mannschaft(
    "Bor.Dortmund", 32, 52, 36, 77));
  tabelle.add(new Mannschaft(
    "B.Leverkusen", 32, 80, 31, 57));
  tabelle.add(new Mannschaft(
    "B.M'gladbach", 32, 64, 49, 49));
  tabelle.add(new Mannschaft(
    "Hertha BSC", 32, 41, 40, 49));
  tabelle.add(new Mannschaft(
    "FC Schalke 04", 32, 46, 47, 48));
  tabelle.add(new Mannschaft(
    "FSV Mainz 05", 32, 43, 41, 46));
  tabelle.add(new Mannschaft(
    "1.FC Köln", 32, 36, 40, 41));
  tabelle.add(new Mannschaft(
    "FC Ingolstadt", 32, 30, 37, 40));
  tabelle.add(new Mannschaft(
    "VfL Wolfsburg", 32, 43, 48, 39));
  tabelle.add(new Mannschaft(
```

```java
        "Hamburger SV", 32, 37, 44, 38));
    tabelle.add(new Mannschaft(
        "FC Augsburg", 32, 40, 48, 37));
    tabelle.add(new Mannschaft(
        "Hoffenheim", 32, 38, 49, 37));
    tabelle.add(new Mannschaft(
        "Darmstadt 98", 32, 36, 50, 35));
    tabelle.add(new Mannschaft(
        "Werder Bremen", 32, 49, 65, 34));
    tabelle.add(new Mannschaft(
        "VfB Stuttgart", 32, 48, 69, 33));
    tabelle.add(new Mannschaft(
        "Ein.Frankfurt", 32, 33, 51, 33));
    tabelle.add(new Mannschaft(
        "Hannover 96", 32, 29, 59, 22));

    Collections.sort(tabelle);
    return tabelle;
    }
}
```

GENERIC-PACKAGE
SOURCE CODE ZU AUFGABE 23.4

Hinweis: Wenn Sie erst die Datei *adressen.dat* und *telefon.dat* generieren, müssen Sie ggf. die Dateipfade anpassen.

```java
public class Adressbucheintrag
  implements Serializable
{
  private static final long serialVersionUID
    = 1163152674322328138L;

  String nachname;
  String vorname;
  String strasse;
  int plz;
  String wohnort;

  public Adressbucheintrag(String nachname,
    String vorname, String strasse, int plz,
    String wohnort)
  {
    this.nachname = nachname;
    this.vorname = vorname;
    this.strasse = strasse;
    this.plz = plz;
    this.wohnort = wohnort;
  }

  public static void main(String[] args)
    throws FileNotFoundException, IOException
  {
    Adressbucheintrag a1 =
      new Adressbucheintrag("Cool", "Joe",
      "Musterstr. 1", 12345, "Berlin");
```

```java
        Adressbucheintrag a2 =
          new Adressbucheintrag("Shark", "Erwin",
        "Musterstr. 3", 12345, "Berlin");
        Adressbucheintrag a3 =
          new Adressbucheintrag("Sheppard",
          "Leppard", "Musterstr. 5",
            12345, "Berlin");
        Adressbucheintrag a4 =
          new Adressbucheintrag("Nomatch", "Hedwig",
        "Musterstr. 7", 12345, "Berlin");

        ObjectOutputStream oos
          = new ObjectOutputStream(
          new FileOutputStream("adressen.dat"));
        oos.writeObject(a1);
        oos.writeObject(a4);
        oos.writeObject(a2);
        oos.writeObject(a3);
        oos.close();
    }
}

public class Telefonbucheintrag
  implements Serializable
{
  private static final long serialVersionUID
    = 33019027337701374861L;

  String nachname;
  String vorname;
  String telefonnummer;

  public Telefonbucheintrag(String nachname,
    String vorname, String telefonnummer)
  {
    this.nachname = nachname;
    this.vorname = vorname;
```

```java
    this.telefonnummer = telefonnummer;
  }

  public static void main(String[] args)
    throws FileNotFoundException, IOException
  {
    Telefonbucheintrag t1
      = new Telefonbucheintrag("Cool", "Joe",
      "+49123456789");
    Telefonbucheintrag t2
      = new Telefonbucheintrag("Shark", "Erwin",
      "+49123456789");
    Telefonbucheintrag t3
      = new Telefonbucheintrag("Sheppard",
      "Leppard", "+49123456789");
    ObjectOutputStream oos
      = new ObjectOutputStream(
      new FileOutputStream("telefon.dat"));
    oos.writeObject(t1);
    oos.writeObject(t2);
    oos.writeObject(t3);
    oos.close();
  }
}
```

BBRUDER-PACKAGE

SOURCE CODE ZU AUFGABE 24.1

```java
public class BBruder
{
  String name;
  int bankDrueckenGewicht;
  int knieBeugenGewicht;

  public BBruder(String name,
    int bankDrueckenGewicht,
    int knieBeugenGewicht)
  {
    this.name = name;
    this.bankDrueckenGewicht
      = bankDrueckenGewicht;
    this.knieBeugenGewicht = knieBeugenGewicht;
  }

  @Override
  public String toString()
  {
    return String.format("Name: %s, "
      + "Bankdrücken: %dkg, Kniebeugen %dkg",
      name, bankDrueckenGewicht,
      knieBeugenGewicht);
  }
}
```

```java
public enum Farbe
{
  KARO, HERZ, PIK, KREUZ
}

public enum Wert
{
  BUBE, ASS, ZEHN, KOENIG, DAME, NEUN, ACHT,
  SIEBEN
}

public class Karte
{
  Farbe farbe;
  Wert wert;

  public Karte(Farbe farbe, Wert wert)
  {
    this.farbe = farbe;
    this.wert = wert;
  }

  @Override
  public String toString()
  {
    return farbe + " " + wert;
  }
}

public class Kartendeck
{
  List<Karte> karten;
```

}

VIERECK-PACKAGE

SOURCE CODE ZU AUFGABE P.3

```java
public class PunktComparator
{
  private static double distance(Punkt p)
  {
    return Math.sqrt(p.x * p.x + p.y * p.y);
  }
}
```

SOURCE CODE ZU AUFGABE P.5

```java
package movies;

import java.util.Arrays;
import java.util.Collections;
import java.util.List;

public class Movie
{
  String name;
  int rating; //wert zwischen 0 und 100

  public Movie(String name, int rating)
  {
    this.name = name;
    this.rating = rating;
  }

  public Movie(String toStringFormat)
  {
    /*creates a movie from the
      toString representation*/
    int idx = toStringFormat.lastIndexOf(" ");
    name = toStringFormat.substring(0, idx);
    String strRating = toStringFormat
      .substring(idx + 1,
      toStringFormat.length()-1);
    rating = Integer.valueOf(strRating);
  }

  @Override
  public String toString()
  {
```

```
      return name + " " + rating + "%";
  }

  public static void main(String[] args)
  {
    List<Movie> movies
      = Arrays.asList(new Movie[] {
        new Movie("Thor", 64),
        new Movie("Iron Man", 75),
        new Movie("Avengers", 75),
        new Movie("Captain America", 64),
        new Movie("Captain America II", 80)
    });

    System.out.println(movies);
    /*TODO: Erweitern Sie die Klasse so,
      dass Collections.sort funktioniert*/
    //Collections.sort(movies);
    //System.out.println(movies);
  }
}

package movies;

import java.util.ArrayList;
import java.util.List;

public class Watchlist
{
  List<Movie> watchlist = new ArrayList<>();
}
```

```java
import java.time.LocalDate;

public class Message
{
  private final String text;
  private final String creationDate;

  public Message(String text)
  {
    this.text = text;
    creationDate = LocalDate.now().toString();
  }

  public String getText()
  {
    return text;
  }

  public String getCreationDate()
  {
    return creationDate;
  }

  @Override
  public String toString()
  {
    return text;
  }
}

import java.time.LocalDate;
```

```java
import java.util.List;

public class Twotter
{
  public static void main(String[] args)
  {
    TwotterSystem system = new TwotterSystem();

    User u = new User("joe", "joeRus!");
    system.addMessage(u,
      new Message("Hello World!"));

    User u2 = new User("joe2", "joeRus!2");
    system.addMessage(u2,
      new Message("Hello World!2"));
    system.addMessage(u,
      new Message("Hello World!3"));

    List<Message> a = system.getAllMessages();
    a.stream().forEach(System.out::println);
    System.out.println();

    List<Message> m
      = system.getAllMessagesFromDate(
      LocalDate.now().toString());
    m.stream().forEach(System.out::println);
    System.out.println();

    List<Message> d
      = system.getAllMessagesFromUser(u);
    d.stream().forEach(System.out::println);
  }
}
```

DANKSAGUNG

Ich möchte mich bei meinem leider mittlerweile im Ruhestand befindlichen Kollegen Wolfgang Rauch für die langjährige Zusammenarbeit
vielmals bedanken.

Mein Dank geht auch an Thorsten Heinzl für das Korrekturlesen des
Buches.

Abschließend möchte ich mich bei Miriam Walter für die Erlaubnis,
das Cover bei den Übungsbänden zu verwenden, bedanken.

ÜBER DEN AUTOR

Steffen Heinzl

Prof. Dr. Steffen Heinzl unterrichtet an der Hochschule für angewandte Wissenschaften Würzburg-Schweinfurt (FHWS) in den Bereichen Programmieren und Verteilte Systeme. Er studierte Angewandte Informatik an der (Fach-)Hochschule Fulda. Nach seiner Promotion und Tätigkeit als wissenschaftlicher Mitarbeiter in der Distributed Systems Group der Philipps-Universität Marburg bei Prof. Dr. Freisleben war er als Service Science Champion, Forscher und Entwickler bei der SAP AG und als IT-Architekt bei der T-Systems International GmbH tätig.

BÜCHER
VON DIESEM AUTOR

Java Übungen
von S. Heinzl erschienen bei Kindle Direct Publishing, ISBN 979-8623740007, 2020

Middleware in Java
von S. Heinzl, M. Mathes erschienen bei Vieweg+Teubner, ISBN 3-528-05912-5, 2005

Policies for Web Services
von S. Heinzl erschienen bei Südwestdeutscher Verlag für Hochschulschriften, ISBN 3-838-11446-9, 2010

Handbook of Service Description: USDL and Its Methods
von A. Barros, D. Oberle (Herausgeber) erschienen bei Springer, ISBN: 978-1-4614-1863-4, 2012

www.ingramcontent.com/pod-product-compliance
Lightning Source LLC
Chambersburg PA
CBHW071120050326
40690CB00008B/1286